Marie De Hennezel

La chaleur du cœur empêche nos corps de rouiller

ÉDITIONS FRANCE LOISIRS

Édition du Club France Loisirs,
avec l'autorisation des Éditions Robert Laffont

Éditions France Loisirs,
123, boulevard de Grenelle, Paris
www.franceloisirs.com

ISBN : 978-2-298-01629-1

À mes petits-enfants,
Léa, Marie, Blanche, Gabriel, Léonard,
et ceux à venir...
À ma mère

« Si la seule chose que j'avais à dire,
c'est que tout est perdu, je me tairais. »
JEAN-LOUIS CHRÉTIEN

« La plus cruelle vieillesse n'est pas organique :
elle est celle des cœurs. »
CHRISTIANE SINGER

Avant-propos

Il n'y a pas plus vieux que de ne pas vouloir vieillir. C'est ce que fait ma génération. Notre monde nous renvoie une image désastreuse de la vieillesse. Nous avons peur de mal vieillir, de finir seuls, mal aimés, peut-être dépendants ou déments, dans des lieux sans vie, loin de tout.

Nous conjurons cette peur, au lieu de l'affronter, en nous accrochant à notre jeunesse, dans un déni un peu pathétique. Ce faisant, nous risquons de manquer ce que j'appelle ici « le travail de vieillir », c'est-à-dire l'expérience d'une conscience heureuse du vieillissement.

Lorsque je me suis attelée à l'écriture de ce livre, j'ai éprouvé moi aussi un sentiment d'horreur à la lecture de certains documents ou à l'écoute de certains témoignages malheureux. Mais d'autres m'ont convaincue que le pire n'est pas sûr. Les clés pour une vieillesse digne d'être vécue existent. C'est bien à notre génération qu'il appartient de les promouvoir. C'est à nous, les baby-boomers, qu'il revient d'inventer un nouvel art de vieillir, paradoxal, car il s'agit d'accepter de vieillir sans pour autant devenir « vieux ».

Comment devenir des porte-bonheur et non pas des poisons pour notre entourage ? Vous l'avez deviné, le fil rouge qui guidera notre exploration, c'est la conviction que quelque chose en nous ne vieillit pas. Je l'appellerai le cœur. Non pas l'organe, qui lui vieillit bien sûr, mais la capacité d'aimer et de désirer. Cette force inexplicable, incompréhensible, qui tient l'être humain en vie, et que Spinoza a baptisée « conatus », l'intentionnalité vitale.

C'est le cœur qui peut nous aider à dépasser nos peurs et nous soutenir au milieu des pires épreuves de la vieillesse.

J'écris pour ma génération

L'abbé Pierre vient de mourir. J'ai fait une heure de queue, rue Saint-Jacques, pour aller m'incliner devant son cercueil, dans la chapelle du Val-de-Grâce. Une immense photo accrochée aux grilles de l'hôpital dévoile aux passants un visage qui les bouleverse. On y lit un profond tourment et une immense tendresse.

L'abbé Pierre disait qu'il faut toujours garder les deux yeux ouverts, un œil ouvert sur la misère du monde pour la combattre, un œil ouvert sur sa beauté ineffable, pour rendre grâce.

Je viens de consacrer deux ans à écrire sur l'expérience de vieillir et j'ai tenté, tout au long de cette méditation sur l'avancée en âge, de garder les deux yeux ouverts. Un œil sur tous ses maux, qui nous font si peur, un œil sur les joies qu'elle nous réserve. J'ai tenté, pour cela, de me tenir à distance du catastrophisme, de la sinistrose ambiante, qui ne voient dans cet âge de la vie que désastre, sans pour autant tomber dans l'euphorie du mythe de la vieillesse heureuse.

Cela n'a pas été facile. Le regard que notre société porte sur le grand âge est terrible. Les mots de « naufrage », d'« horreur », de « désastre », qui nous viennent aux lèvres, disent le dégoût et la peur que nous inspirent la vieillesse, la souffrance de vieillir et la mort.

On pourrait s'en tenir là. Ne pas en parler, l'oublier, penser à autre chose. C'est ce que font les seniors qui refusent de vieillir et cherchent à rester pathétiquement jeunes et actifs le plus longtemps possible.

On peut aussi traiter la vieillesse avec humour, voire la tourner en dérision, comme l'a fait Benoîte Groult.

En ce qui me concerne, lorsque j'ai ouvert un œil sur tous les maux qui nous menacent dans le grand âge, j'ai commencé une longue descente en enfer. L'image catastrophique que nous avons de la vieillesse est contagieuse. J'ai mieux compris pourquoi ma génération préfère fermer les yeux, pourquoi les gens changent de sujet dès que je leur demande comment ils envisagent de vieillir. J'ai bien failli abandonner le projet d'écrire sur un sujet aussi déprimant, tant j'étais abattue.

Et puis, un jour, quelque chose en moi a refusé cette image désastreuse. Quelque chose en moi a soudain décidé de réagir. On pourrait dire que l'autre œil, celui qui voit la face positive de la vie, s'est ouvert.

Ce livre est donc l'histoire d'un retournement. Il a fallu que j'entre au cœur des souffrances et des peurs que génère l'expérience de vieillir pour comprendre tout ce qu'elle apporte en termes d'aventure humaine et spirituelle.

Tout a commencé il y a quatre ans. Le pasteur

Houziaux m'avait invitée à participer à l'une des célèbres conférences de l'Étoile. En compagnie de Paul-Laurent Assoun et de Jean-Denis Bredin, nous avons animé une soirée consacrée à la question : « Comment accepter de vieillir ?[1] » C'est en préparant cette conférence que j'ai découvert l'île d'Okinawa et ses centenaires. Là-bas, au Japon, sur cette île que l'OMS a baptisée « région de la longévité », les gens vivent très vieux – la doyenne a cent quinze ans – et très heureux, car ils sont considérés comme des « porte-bonheur ».

Les chercheurs du monde entier se sont évidemment penchés sur leur secret. On sait qu'il n'est pas génétique, puisque dès qu'un habitant de l'île émigre ailleurs et perd ses habitudes, son espérance de vie s'en trouve diminuée.

Il y a bien sûr des raisons liées à la douceur du climat et à la manière de se nourrir. Les habitants d'Okinawa mangent peu et lentement, savourent chaque bouchée et s'arrêtent avant de se sentir trop lourds. Ils consomment du poisson, du soja, des algues riches en iode et en calcium, l'incontournable riz, du thé vert riche en diurétiques, jamais de sucreries ni de pâtisseries.

Mais le contenu de leur assiette n'explique pas tout. L'extraordinaire longévité de ces Japonais, comme leur bonheur d'être vieux, tient aussi à leur état d'esprit et à leur vie sociale très développée. Il y a, chez ces centenaires, une conscience spirituelle élevée, nourrie de pratiques, comme la

1. Paul-Laurent Assoun, Jean-Denis Bredin et Marie de Hennezel, *Comment accepter de vieillir ?*, Ivry-sur-Seine, Éditions de l'Atelier, 2003.

prière, la méditation, l'attention au présent, une volonté de rester positifs dans les difficultés et de conserver leur optimisme. Ils ont cette faculté précieuse de ne pas se laisser abattre et de rebondir qu'on appelle le courage de vivre. Une vitalité, un dynamisme, une énergie du cœur[1], telles sont les clés de leur jeunesse intérieure, comme en témoigne le refrain qu'ils chantent tous les matins : « La chaleur du cœur empêche nos corps de rouiller. » Enfin, ils continuent de participer à la vie de la communauté. Les échanges entre amis, voisins et membres d'une même famille sont quotidiens. Le *yuimahru,* l'esprit d'entraide, y est très enraciné. Ils pratiquent ensemble le jardinage, la marche et le taichi. Bref, ils sont heureux de vivre vieux, et ce bonheur les protège, bien évidemment, de tout sentiment d'exclusion. Ils n'ont pas l'impression de représenter un poids pour la société, au contraire. « *Tusui ya takara* », « Les vieux sont notre trésor », dit-on à Okinawa.

« Pourquoi ne serions-nous pas nous aussi, demain, des porte-bonheur pour notre entourage ? » Telle est la question que j'ai posée devant

1. Dans son livre *Rester jeune, c'est dans la tête* (Paris, Odile Jacob, 2005), Olivier de Ladoucette cite l'étude de la fondation IPSEN, concernant neuf cent dix centenaires. Parmi les dispositions psychologiques des centenaires, deux sont apparues décisives aux chercheurs : la résilience, c'est-à-dire la faculté d'encaisser les événements de vie défavorables et de trouver en soi les ressources nécessaires pour ne pas se laisser abattre et rebondir, et la conation, c'est-à-dire l'intentionnalité vitale, le dynamisme qui permet d'entreprendre.

les neuf cents personnes venues nous écouter parler de la vieillesse. La plupart avaient entre cinquante-cinq et soixante-dix ans. Des seniors plus ou moins angoissés devant l'expérience de vieillir. J'ai mesuré, ce soir-là, à l'aune de l'attention qui régnait dans le temple de l'Étoile, le besoin immense pour chacun d'entre nous d'être guidé sur ce chemin.

Notre génération sait, en effet, qu'elle va vivre longtemps. On le lui promet. Plusieurs d'entre nous ont toutes les chances d'atteindre l'âge de cent ans. Ce gain de longévité est-il une bonne ou une mauvaise nouvelle? Autour de moi, on s'interroge. On nous parle de « l'âge d'or des seniors ». Certains n'hésitent pas à nous convaincre que nous sommes la première génération de seniors à vivre une tranche de vie nouvelle. Si nous prenons soin de notre santé, de notre alimentation, si nous faisons du sport, si notre esprit reste éveillé, alors à quatre-vingts ans nous aurons la forme physique et mentale qu'avaient nos parents à l'âge de soixante ans. Nous aurons gagné vingt ans! La littérature spécialisée affirme même qu'avec le décryptage du génome humain, la thérapie génique, le potentiel des nanotechnologies qui fabriqueront des robots si petits qu'ils pourront nous nettoyer de l'intérieur, nous serons bientôt capables de reconstruire en permanence un corps sain, non dégradable, et quasiment immortel. C'est une véritable révolution.

Pourtant, cet allongement de la vie en bonne santé ne nous rassure guère. On peut concevoir que les cellules du corps puissent être remplacées et renouvelées, mais la chose se complique dans le cas des neurones et de leurs connexions. À quoi bon allonger la vie, si c'est pour vivre une éternelle démence ? Par ailleurs, quel serait l'impact démographique d'un tel progrès ? On calcule qu'en 2050 il y aura trois personnes de plus de soixante ans pour un enfant. Quelle tristesse ! Si la mort est indéfiniment repoussée, tous nos repères seront chamboulés. Nous ne serons plus obligés de procréer, nous n'aurons plus besoin de transcendance, puisque c'est bien la limite de la mort qui nous incite à nous reproduire, à transmettre, à développer une spiritualité et une capacité à concevoir un au-delà de soi. Ce serait un enfer !

Il n'en reste pas moins vrai que la science nous offre une vraie rallonge, puisqu'elle est maintenant capable de lutter contre la « rouille » qui menace notre corps. Qu'allons-nous faire de ce temps en plus, tout en sachant que nous n'éviterons ni la grande vieillesse ni la mort ?

C'est l'aventure à laquelle nous sommes appelés, car nous sommes les premiers à en faire l'expérience. Comme nous n'avons aucun repère, il va nous falloir inventer.

Alors m'est venu le désir d'écrire ce livre. Avec comme point de départ cette question : Pourquoi ne pas nous inspirer de l'exemple d'Okinawa ?

Je me suis mise au travail. J'ai recueilli des témoignages, j'ai beaucoup lu sur les difficultés que pose le vieillissement de la population. Mais lorsque j'ai rencontré, plus tard, des personnes âgées lumineuses, qui m'ont aidée à changer mon regard sur le grand âge, j'ai pu mesurer à quel point cette vieillesse rayonnante était le fruit de tout un travail de conscience et de lucidité, qui se prépare très en amont.

On ne peut prétendre à une vieillesse sereine et lumineuse sans avoir fait le deuil de sa jeunesse et médité sur sa mort à venir.

Amis lecteurs, vous êtes peut-être de ceux qui préfèrent ne pas y penser. Cela se comprend. Vous êtes en pleine forme, vous avez, pour la plupart, des ressources non négligeables, vous avez du temps et vous êtes décidés à profiter de cette « vie en plus » pour voyager, vous distraire, jouer au bridge ou à la pétanque, bref jouir de la vie et vous occuper de vous, surtout de vous. Vous voulez bien vieillir, mais à condition de rester jeune. Le risque, vous le pressentez, serait de tomber dans un jeunisme ridicule, et d'aller grossir les rangs de ces seniors que les jeunes détestent, parce qu'ils les trouvent arrogants et égoïstes. Et puis, viendra le jour où un événement précis vous fera basculer dans la vraie vieillesse. Vous aborderez alors les rives du grand âge avec terreur. Vous réaliserez que jamais plus vous ne recouvrerez votre jeunesse. Votre déclin sera inévitable, vous ne pourrez plus revenir en arrière. Un jour, peut-être, vous deviendrez dépendants.

Une anecdote racontée par Antoine Audouard, l'ancien directeur des Éditions Robert Laffont, qui continue de m'accompagner dans mes projets d'écriture, illustre bien cet inévitable déclin.

Au cours d'une visite qu'il rendait à son père, l'écrivain Yvan Audouard, hospitalisé au centre de soins palliatifs de la Maison Jeanne-Garnier où il vivait ses derniers jours, Antoine a évoqué le sujet de mon livre. Yvan était allongé, les yeux clos, faible mais très présent. Lorsque Antoine a cité le refrain des vieux d'Okinawa, « La chaleur du cœur empêche nos corps de rouiller », Yvan a alors ouvert un œil, et l'air malicieux, il a rétorqué : « Oui, mais pas de dérouiller ! »

Il avait bien raison : la vieillesse est une épreuve impitoyable. Mais cette anecdote montre aussi que l'homme qui tient ce propos, apparemment pessimiste, est capable, au seuil de sa mort, d'humour et de distance.

Si vous ne vous y êtes pas préparés, si vous n'avez pas développé vos ressources intérieures, les seules qui permettent de vivre cette dernière étape de la vie, vous risquez de vivre un enfer. Vous vous dites que, ce jour-là, il vous restera toujours la liberté de mettre fin à votre vie, de décider de disparaître, d'appuyer sur la « touche étoile », pour reprendre une expression désormais célèbre[1].

Mais peut-être sentez-vous que l'on peut rester jeune sans nier le vieillissement. Peut-être êtes-vous prêts à affronter les défis de l'âge, en compensant ses pertes inévitables par le développement d'une vie intérieure, à explorer la « jeunesse émotionnelle », la jeunesse du cœur

1. Expression inventée par Benoîte Groult pour désigner le suicide assisté, in *La Touche étoile*, Paris, Albin Michel, 2006.

qui fera de vous des vieux rayonnants pour leur entourage. Alors ce livre est pour vous.

Les pages qui vont suivre sont une méditation sur l'art de vieillir. Un art paradoxal. D'un certain point de vue, c'est un naufrage, d'un autre c'est une croissance. D'emblée, je voudrais faire une distinction entre « vieillir » et « être vieux ». Être vieux, c'est un état d'esprit. On peut se sentir vieux à soixante ans, et cela m'est arrivé. On peut se sentir jeune à quatre-vingts ans. Mon ami le philosophe Bertrand Vergely disait récemment devant un groupe de travail sur le grand âge : « On devient vieux le jour où l'on devient triste et amer à propos de la vie. » On devient vieux lorsqu'on refuse de vieillir, c'est-à-dire d'avancer dans la vie. C'est là un grand paradoxe.

Notre société nous interdit de vieillir. Elle nous commande de rester jeune le plus longtemps possible. À cet interdit stupide s'oppose un autre interdit, bien plus intéressant : « Il est interdit d'être vieux », dit le mystique hassidique Rabbi Nachman de Bras-law. Vieillissez, mais ne soyez pas vieux, c'est-à-dire ne soyez pas amers et désespérés. Vieillissez, ne vous opposez pas au réel, mais n'empêchez pas la vie d'accomplir son œuvre désirante, de faire jaillir du neuf, du nouveau, jusqu'à votre dernier souffle.

Je suis convaincue que les vingt années qui nous séparent du grand âge sont une chance qui nous est donnée pour apprendre à vieillir, pour « travailler à vieillir », pour nous préparer psychologiquement et spirituellement à cette ultime étape de notre vie.

Comment accepterons-nous les transformations enlaidissantes de notre corps si nous n'explorons pas en même temps le pouvoir rayonnant de certaines émotions, comme la joie ou la gratitude ? Si nous ne renonçons pas à nous regarder nous-mêmes pour voir le monde autour de nous, et nous émerveiller ?

Comment accepterons-nous la solitude, si nous n'avons pas appris à être bien avec nous-mêmes, paisibles, réconciliés avec nos vies et avec notre entourage ?

Comment accepterons-nous les contraintes d'un temps et d'un espace limités, si nous n'avons pas exploré l'illimité de notre esprit et de notre cœur ?

Louis-Vincent Thomas écrivait dans la préface qu'il a donnée à mon premier livre, *L'Amour ultime,* que seuls l'amour, la foi et l'humour permettent d'affronter et peut-être de transformer ces réalités terribles que sont la vieillesse, la décrépitude et la mort. J'ai donc choisi de chausser les lunettes de l'amour, de la foi et parfois de l'humour pour rendre compte de l'expérience de vieillir.

Je sais qu'en faisant ce choix je vais à l'encontre du discours dominant sur la vieillesse. Un discours sombre, un discours triste. Il n'est pas bien vu des médias d'en changer. Il n'est pas bien vu d'essayer de le corriger. Qui veut faire preuve d'optimisme délibéré frôle le ridicule. En parlant d'amour et de foi, on risque vite de tomber dans le piège des paroles édifiantes, moralisatrices, lénifiantes. À d'autres les images niaises et réconfortantes d'une vieillesse heureuse, sereine et rayonnante ! Qu'on ne nous raconte pas d'histoires ! Mais alors, en n'insistant que sur les ombres du grand âge, sur l'horreur de vieillir, sur le naufrage qui nous attend, on finit aussi par mentir. La réalité n'est pas aussi noire. Elle mêle toujours et partout le pire et le meilleur.

La vieillesse n'est ni une débâcle ni un âge d'or. C'est un âge aussi riche et digne d'être vécu que tous les autres, passionnant à vivre, avec ses joies et ses difficultés. Des problèmes, elle en pose, bien sûr, à tous les niveaux : économiques, sociaux, psychologiques. Nous les regarderons en face et aurons le courage de les anticiper. Quant au cheminement personnel qu'elle implique pour chacun d'entre nous, nous trouverons les moyens de l'éclairer. Nous découvrirons les promesses de cet âge, les ressources insoupçonnées qui nous permettront de le vivre, courageusement et simplement.

Il est évident que notre manière de vieillir dépendra de nous. Nous pouvons grâce à nos comportements et à nos ressources les plus secrètes faire de notre avancée en âge une aventure pleine d'intérêt, une croissance et non pas un déclin.

Entre le renoncement à sa jeunesse et l'acceptation de sa mort à venir, il y a un temps où l'on peut se sentir profondément heureux et libre. Ce temps est l'occasion offerte de découvrir des aspects de soi que l'on ne connaissait pas, de voir, de sentir et d'aimer autrement. Au lieu de devenir des vieillards aigris et repoussants, on peut alors espérer porter autour de soi la joie et la chaleur humaine dont notre monde a tant besoin.

Il ne s'agit pas d'idéaliser la vieillesse mais de révéler ce qui mérite de l'être, sans mièvrerie et sans complaisance.

Quand la peur de vieillir vous saisit

Je viens d'avoir soixante ans. Je suis désormais une senior. J'ai d'ailleurs demandé la carte qui me permet de voyager à tarif réduit. J'entre donc dans ma vieillesse, ma jeune vieillesse, certes, car je suis en bonne santé, active, habitée de mille projets, mais la vieillesse tout de même, qui s'imposera de plus en plus et me conduira, si tout va bien, au grand âge.

Le jour de mes soixante ans, je me suis souvenue d'une scène de mon enfance. J'avais quinze ans. Une tante que j'aimais beaucoup est entrée dans le salon où mon père fumait tranquillement sa pipe, assis dans une bergère Empire tapissée d'un velours jaune d'or. « Jean, je viens d'avoir cinquante ans ! Ça y est ! Je suis vieille. Les hommes ne se retourneront plus sur mon passage, dans la rue ! » Ma tante m'impressionnait beaucoup. Elle était grande et belle. Elle en imposait. Elle avait passé son bac sur le tard dans l'idée d'entamer des études de psychologie à l'université. Elle voulait être psychanalyste. J'admirais son courage, sa détermination, sa lucidité. Ce jour-là, en l'entendant, je me suis dit qu'à cinquante ans, moi aussi, je serais vieille. Quand j'ai atteint cet âge, je me suis souvenue de cette scène et j'ai ri. Je ne m'étais jamais sentie aussi séduisante et sûre de moi. La vieillesse me semblait très loin.

Dix ans plus tard, je commence à comprendre ce que cette tante voulait dire. Je ne me sens plus aussi fraîche. J'ai vieilli et je sais que les choses iront empirant.

On a beau dire que les anniversaires ne changent rien, ce sont des étapes symboliques. Je vis cette entrée parmi les sexagénaires comme un deuil, avec des bouffées de tristesse, l'envie de ne rien faire, de me replier sur moi-même. Il faut dire que j'ai de vrais deuils à faire : un divorce qui me peine, une déception amoureuse. Je me sens seule et vulnérable.

J'ai cherché à me rapprocher de mes enfants, mais je sens bien que ce n'est pas à eux de porter ma solitude. Ils ont leur vie.

Alors je m'assois à ma table de travail, j'essaie de mettre de l'ordre dans mon enquête, d'analyser les articles que j'ai rassemblés ces derniers mois. Les nouvelles qui me viennent du grand âge ne m'aident pas à retrouver la joie de vivre. Les livres que je lis me renvoient une image très noire de la vieillesse. J'ai l'impression que, dans notre monde, « être vieux », c'est une faute. Dans son discours au Congrès de l'Unesco, en mai 1998, Elie Wiesel n'a-t-il pas dénoncé tout haut ce que tout le monde pense dans notre société jeuniste : « Les vieux ? Ils n'ont qu'à rester chez eux, qu'à ne plus déranger, qu'ils soient contents d'être nourris et vêtus et tenus au chaud... Faisant d'eux des reclus, on leur fait sentir qu'ils sont de trop. Victimes d'un système permanent d'humiliation, ils ne peuvent que se sentir honteux de ne plus être jeunes et en fait honteux d'être encore en vie. » Elie Wiesel disait là tout le malheur d'être vieux.

Cette dépréciation de la vieillesse est si forte que certaines personnes très âgées estiment qu'elles ne valent plus rien. Elles aimeraient mieux mourir que de continuer à vivre avec cette perte d'estime d'elles-mêmes. Je lis que la France tient le record des suicides de personnes âgées. Je les comprends. Quand on vous renvoie constamment que vous êtes un poids pour la famille ou quand on est devenu transparent, pourquoi rester en vie ?

Cette peur de devenir un poids pour les siens est partagée par la plupart des gens de ma génération. Nous le savons, plus nous vieillirons et plus nous serons perçus comme un fardeau. Nos enfants et petits-enfants trouveront peut-être un jour que nous leur coûtons trop cher. Ne chercheront-ils pas à faire pression sur nous, pour que nous leur laissions la place comme on l'a fait en d'autres temps, dans les sociétés pauvres ?

On se souvient du film d'Imamura : *La Ballade de Narayama.* Au Moyen Âge, dans certaines régions du Japon, la coutume voulait que les vieux aillent mourir dans la forêt, pour éviter aux jeunes d'avoir à nourrir une bouche superflue. Au Canada, avant que le gouvernement n'institue pour les Inuits des lois de protection sociale, les plus âgés allaient eux aussi mourir sur la banquise, non sans avoir auparavant désigné une femme enceinte de leur entourage pour se réincarner dans l'enfant qu'elle portait.

Une histoire chinoise racontée par Ram Dass, dans son ouvrage *Vieillir en pleine conscience*[1], illustre bien cette peur qui nous habite. « Un vieil homme est maintenant trop faible pour travailler au jardin et participer aux tâches ménagères. Il passe ses journées assis sous un auvent à regarder les champs pendant que son fils laboure et cultive. Un jour, ce dernier le regarde et se dit : "À quoi est-il bon maintenant ? Il est si vieux. C'est une bouche inutile à nourrir. Il est temps qu'il passe de l'autre côté." Il fabrique alors une caisse en bois, la pose sur une brouette et la transporte jusque devant la maison. "Père, entre là-dedans." Le père s'exécute. Le fils ferme le couvercle et transporte son chargement jusqu'au bord de la falaise. Arrivé à destination, il entend son père frapper. "Pourquoi ne me jettes-tu pas directement du haut de la falaise afin d'économiser ta caisse ? Un jour, tes enfants en auront besoin eux aussi." »

Aujourd'hui, notre peur d'être « éliminés », lorsque nous serons devenus trop vieux, inutiles, un poids trop lourd à porter pour la société, reste présente dans les fantasmes.

C'est une peur qu'il faut prendre au sérieux. Nous coûtons plus cher à la société dans les six derniers mois de notre vie que pendant le reste de notre existence. Le vieillard est consommateur de soins. Il est atteint de maux multiples, souvent chroniques. Dès qu'il devient dépendant,

1. Gordes, Éditions du Relié, 2005.

l'assistance à domicile ou le placement en institution représentent un coût important. Le poids de la maladie d'Alzheimer par exemple repose en grande partie sur les familles. Certaines sont obligées de vendre ce qu'elles ont pour assumer le placement en institution d'un parent âgé atteint de cette maladie.

Pourquoi alors ne pas écourter la vie de ceux qui le réclament ? ai-je un jour entendu demander André Comte-Sponville[1]. Pourquoi ne pas inscrire dans la loi la possibilité de donner la mort à ceux qui ne veulent plus peser sur les autres ? L'argument économique en faveur de l'euthanasie était ainsi clairement posé. Est-ce vraiment la solution que notre société envisage ?

François de Closets[2], lui aussi, s'inquiète des conséquences économiques de cet allongement de notre espérance de vie. Dans vingt ans, l'Europe sera un continent de « vieux ». Cette inversion de la pyramide des âges va mettre en danger les équilibres budgétaires, les retraites, l'emploi et le confort des jeunes générations. On évoque le ratio de 1,5 actif pour une personne retraitée. Nous allons donc faire peser des charges extrêmement lourdes sur nos enfants et nos petits-enfants. Cela ne pourra pas durer. Il y aura un choc d'intérêts, donc un douloureux conflit. Nous

1. Devant la mission parlementaire sur l'accompagnement des personnes en fin de vie.
2. Joël de Rosnay, Jean-Louis Servan-Schreiber, François de Closets et Dominique Simonnet, *Une vie en plus*, Paris, Le Seuil, 2005.

irons vers une guerre des générations nous prédit François de Closets : « La nouvelle génération devra payer l'éducation de ses propres enfants, les retraites de ses parents, les dépenses de santé très lourdes de ses grands-parents, les dettes contractées par les générations précédentes et les retraites des actionnaires étrangers ! Elle travaillera comme une folle, sous des contraintes épouvantables, dans l'espoir d'arriver le plus tôt possible au moment béni où, enfin, elle se mettra à la charge de ses enfants ! Quel beau projet de vie ! conclut-il. Peut-on imaginer que tout le monde soit rentier de cinquante-huit à cent ans ? On voit bien qu'un tel système ne peut pas fonctionner[1]. »

Ce coup de gueule de François de Closets, il est bon de l'entendre car il faudra bien anticiper ce choc financier du vieillissement. Il est question de créer une nouvelle branche de la Sécurité sociale pour couvrir les dépenses liées à la dépendance. Les hommes politiques devront avoir le courage de s'attaquer aux « droits acquis », de remettre en question l'âge de départ à la retraite afin que les seniors en bonne santé subviennent à leurs besoins.

Il faut rappeler qu'au moment où a été créée la retraite à soixante-cinq ans, la durée de vie moyenne était de soixante-deux ans et demi et ceux qui la prenaient avaient en moyenne une espérance de vie de cinq ans. Reculer l'âge de la retraite ne sera pas simple, dans notre pays,

1. *Ibid.*

car une grande partie des conquêtes sociales et des luttes syndicales tourne autour de la diminution du temps de travail. Mais le sursaut viendra de la nécessité. Partout, d'ailleurs, on fait machine arrière. En Grande-Bretagne, en Suède. Au Danemark, 60 % des plus de soixante-cinq ans travaillent. Les employés âgés sont plus stables que les autres et il y a bien moins d'arrêts maladie parmi eux. Le gouvernement fait tout pour que les seniors restent au travail et l'âge de la retraite a été repoussé à soixante-sept ans. Au Japon enfin, on parle de reculer cet âge jusqu'à soixante-quinze ans en 2020.

Si pour certains, surtout ceux qui ont eu une activité pénible, le départ à la retraite est une délivrance, pour d'autres, au contraire, c'est un drame. La cessation de leur activité, le sentiment de ne plus être utile, l'ennui, accélèrent leur vieillissement. On pourrait alors envisager des retraites progressives, des retraites à la carte, des retraites partielles. Les entreprises pourraient accepter des seniors à temps réduit, en leur permettant de combiner cet emploi avec leur retraite.

Selon Paulette Guinchard, ex-ministre déléguée aux personnes âgées, cela aurait l'avantage de respecter deux souhaits profonds de l'individu : être libre de ses décisions et être reconnu dans sa différence. « Cela peut favoriser un changement de regard qui aidera la société à mieux apprécier l'utilité des âgés[1]. »

1. Paulette Guinchard-Kunstler et Marie-Thérèse Renaud, *Mieux vivre la vieillesse*, Paris, Les Éditions de l'Atelier/Éditions ouvrières, 2006.

Sans doute y a-t-il un lien direct entre cette dépréciation de la vieillesse et le sentiment de solitude et d'exclusion que vivent tant de personnes âgées.

Depuis la canicule de l'été 2003, on ne parle plus que de la solitude des âgés, de l'égoïsme des jeunes qui n'ont plus le sens des solidarités familiales.

Me revient à l'esprit le récit que m'a fait ma sœur Christine d'une nuit de Noël passée aux Halles, où son mari et elle s'étaient engagés comme bénévoles pour servir leur repas de Noël aux vieux du quartier. Il y avait là une vieille femme, assise parmi d'autres. Elle venait chercher un peu de chaleur humaine, en cette nuit de fête, car ses quatre enfants l'avaient, semble-t-il, abandonnée. Elle n'avait même pas reçu un coup de téléphone !

On dit que les enfants s'occupent moins de leurs vieux parents qu'autrefois. Une enquête présentée par le collectif d'associations caritatives Combattre la solitude montre que la proportion de personnes âgées vivant seules est trois fois plus forte aujourd'hui qu'en 1962. 31 % des personnes de plus de soixante-cinq ans souffrent d'être « trop seuls », et quatre femmes sur cinq âgées de plus de soixante-quinze ans vivent seules.

L'éloignement des enfants, la crainte d'être rejeté, le fait de ne pas pouvoir compter sur quelqu'un en cas de besoin, un faible niveau de ressources et l'incapacité de pouvoir sortir de chez soi pour des raisons de santé contribuent très fortement au sentiment de solitude.

Une enquête américaine récente[1] montre que la solitude multiplie par deux le risque de développer la maladie d'Alzheimer. Le cercle de la solitude semble se refermer sur lui-même. Il doit bien y avoir une issue à ce problème, mais pour le moment je ne l'entrevois même pas.

Il me semble évident que culpabiliser les familles comme on l'a fait, au lendemain de la canicule de l'été 2003, ne fait pas avancer les choses. Certaines familles connaissent de vraies détresses face à leurs parents ou grands-parents âgés.

Le Figaro cite ainsi le cas de Sophie, trente-trois ans, maman d'un bébé de vingt mois, expert-comptable, appelée à faire de nombreux voyages à l'étranger, « touchée de plein fouet par la démence fronto-temporale de sa mère, âgée de soixante-quatre ans[2] ». Celle-ci a été hospitalisée dans un hôpital gériatrique privé. Un lieu inadapté qui lui coûte 2 800 euros par mois. Malgré les tentatives qu'elle a faites, Sophie n'a pas pu garder sa mère chez elle. C'était trop dur. La maladie entraîne des violences affectives, psychologiques et physiques impossibles à assumer. Sophie se sent seule au monde. C'est le cas aussi de Pierre, cadre dans les télécommunications et qui se bat aux côtés de sa femme atteinte de la maladie d'Alzheimer à l'âge de cinquante-deux ans[3]. Il ne croit pas

1. Dans la revue *Archives of General Psychiatry,* enquête menée par une équipe de l'université Rush de Chicago.
2. *Le Figaro,* 16 mai 2006.
3. Article de Delphine de Mallevoüe, *Le Figaro,* 16 mai 2006.

beaucoup au congé de présence familiale. « Quel employeur va accepter que son salarié s'absente pour s'occuper de son vieux père ou de sa femme dépendante ? Le mien, en tout cas, pour l'avoir testé, a tout bonnement refusé. » Pierre a alors fait le siège d'une maison de retraite pour qu'elle accepte d'accueillir sa femme pendant la journée. Aujourd'hui, sa femme est placée dans un établissement et revient chez lui pour les week-ends.

Je lis bien des choses sur la mauvaise vieillesse, sur la dépendance et la démence. La maladie d'Alzheimer, maladie neurodégénérative décrite en 1906 par Alois Alzheimer, affecte aujourd'hui de plus en plus de gens. Environ 850 000 personnes en sont atteintes en France et l'on dénombre 150 000 nouveaux cas par an. Le professeur Jacques Touchon s'attend à un « véritable tsunami des pathologies Alzheimer » dans les années qui viennent. C'est une maladie inguérissable aujourd'hui, irréversible et mystérieuse, car ses causes sont encore inconnues.

C'est une maladie qui débute autour de soixante-quinze ans, parfois avant, et évolue sur plusieurs années, environ sept à dix ans, avec un premier stade marqué par la perte de la mémoire récente et une désorientation dans le temps et dans l'espace. On peut encore rester chez soi avec l'aide attentive de quelqu'un. Puis le deuxième stade est atteint lorsqu'on a perdu la capacité de communiquer verbalement. On ne trouve plus les mots adaptés, on jargonne. Mais on peut encore chanter, danser et communiquer par les gestes. Enfin, la nuit obscure arrive au troisième stade. On devient complètement dépendant, car on ne peut plus manger seul, on devient incontinent, on ne reconnaît plus son entourage, on ne sait plus à quoi servent les objets les plus quotidiens.

Impossible lorsqu'on parle de cette maladie de ne pas se sentir concerné. Et si cela m'arrivait à moi aussi ? Tous mes amis m'ont avoué s'être posé la question. Peut-être cette lente descente aux enfers nous attend-elle ? Il m'arrive de m'imaginer perdant progressivement la tête, comme on le dit. L'idée de me retrouver sourde, aveugle, muette, grabataire, paralysée, incontinente, transbordée du lit au fauteuil et du fauteuil au lit, me terrifie. Je tremble à l'idée de passer les dernières années de ma vie dans une alternance d'inconscience et d'égarement. D'être peut-être victime de maltraitance, attachée dans mon lit, traitée de « sale vieille », laissée des heures dans mes urines. Je me souviens des regards de grands vieillards que je croisais, il y a vingt ans, lorsque je traversais la maison de retraite d'un hôpital parisien où je travaillais comme psychologue. Des vieillards au regard vide, semblant attendre la mort comme une délivrance. Des vieillards, au visage tendu, en quête d'un peu d'affection, ou bien le regard triste, résignés à l'indifférence ambiante. Nul doute que nos grands vieillards sont aujourd'hui exclus du monde des vivants. « Fauteuils roulants, abritant des corps invalides, recroquevillés sur eux-mêmes, vieillards au visage et aux membres déformés, bouches édentées, hurlements perçant régulièrement le silence pesant, déments déambulant dans les couloirs, perdus dans leur monologue sans fin... Personnes âgées vêtues toute la journée d'une robe de chambre, comme déjà englouties dans une nuit éternelle. » C'est ainsi qu'une psychologue[1] travaillant dans une maison de retraite raconte sa première vision d'un monde qui nous terrifie.

Georgette témoigne dans *La Voix du Nord*[2]. Elle s'occupe de la compagne de son père, Martine, placée sous tutelle dans une maison de retraite. Choquée par ce qu'elle voit, elle prend des photos. « Martine le menton sur la poitrine, sanglée sur un fauteuil ; Martine le visage tuméfié parce qu'elle est tombée de son lit ; Martine mal fagotée, une jambe de pantalon relevée jusqu'à mi-cuisse ; Martine, le regard vide, "oubliée" sur un fauteuil roulant, devant la porte close de sa chambre. » Georgette a photographié aussi les plateaux-repas en gros plan, « parce qu'ils mangent toujours la même chose. De la purée de pommes de terre et de la viande bouillie mixée ». Les photos sont choquantes. Elles montrent ce que le visiteur ne voit pas, car Martine achève maintenant de vieillir dans un bâtiment du fond de la maison de retraite où sont cantonnés les grabataires.

Inutile de rajouter que Georgette est mal vue

1. Claudine Badey-Rodriguez, *La Vie en maison de retraite,* Paris, Albin Michel, 2003.
2. Article de Chantal David, *La Voix du Nord,* 4 et 5 février 2001.

de la directrice qui a essayé de lui interdire les visites, sous le prétexte qu'elle n'avait pas de lien de parenté avec la résidente. Georgette a essayé de préparer des repas chez elle qu'elle apportait à Martine pour stimuler son appétit. Son initiative n'a pas été appréciée. On a imposé à Martine de prendre ses repas avec les autres dans la salle à manger de l'établissement.

Une femme de soixante-douze ans, bénévole dans un service de soins de suite où sont hospitalisées bon nombre de personnes très âgées, m'écrit. Voici comment elle décrit la vie de ces dernières :

« J'ai pu constater combien ces "patients", le terme est bien employé, sont dépersonnalisés. Uniquement vêtus d'une culotte en filet et d'une camisole fermée par une pression en haut du dos, ils en sont réduits, après avoir fait leur toilette, à attendre les repas et le coucher, qui sont les seuls événements de leurs journées et, cela, parfois pendant des mois. Celles qui peuvent marcher, si elles s'aventurent dans le couloir, sont vite priées de retourner dans leur chambre. Les autres attendent désespérément qu'on leur mette ou retire le bassin. J'entends fréquemment qu'on ne boit pas pour ne pas avoir à uriner. Elles sont souvent deux dans une chambre de neuf mètres carrés avec un cabinet de toilette exigu. L'un des fauteuils est entre les deux lits face à la télé, le deuxième est placé sous la télé, ce qui est très commode ! »

L'auteur de ces lignes s'est retrouvée elle-même hospitalisée en gériatrie à la suite d'une grave dépression et m'a envoyé le journal tenu pendant cette hospitalisation. Elle se plaint des réveils tonitruants dès trois heures du matin, puis toutes les heures, pour changer la couche de la voisine, faire une prise de sang, prendre la température. Chaque fois, un soignant allume grand la lumière, crie : « Bonjour ! », fait ce qu'il a à faire puis repart : « Allez ! bonne nuit, bonne journée, j'éteins la lumière ! » C'est infernal, dit-elle. Elle voit sa voisine de chambre, une femme de quatre-vingts ans, se dégrader en quinze jours.

Jusqu'au matin où des soignants viennent lui faire passer un test, probablement pour évaluer sa capacité à entrer en maison de retraite.

— Quel mois est-on ? lui demande-t-on.

— Septembre, répond la dame, alors que nous sommes en janvier.

— Quel jour ?

Pas de réponse.

— À quel étage sommes-nous ?

Pas de réponse. On lui montre un crayon.

— Qu'est-ce que c'est ?

Hourra ! Une réponse juste.

— Voilà une feuille, prenez-la de la main droite et pliez-la en deux et jetez-la par terre.

La dame a un regard ahuri et s'exécute. On lui apporte un gant et on ordonne :

— Mettez du savon, lavez-vous le visage, rincez-vous, essuyez-vous !

La dame répond oui mais le geste ne suit pas. On insiste, on crie.

— Mettez-vous debout pour faire votre petite toilette !

On la descend du lit, elle crie, elle a peur.

— Tenez-vous droite, appuyez sur vos jambes ! Tenez-vous à la table !

Seulement, c'est une table à roulettes.

La femme qui m'écrit raconte qu'elle s'est alors précipitée pour bloquer la table, mais trop tard. Elle a serré les dents pour ne pas crier : « Foutez-lui la paix ! C'est de chaleur humaine dont elle a besoin, pas de stimulations ! »

Elle décrit ensuite l'arrivée d'un jeune élève infirmier très gentil et plein de bonne volonté. « Allez, madame V. On va manger ! » Alors que, jusqu'à ce jour, celle-ci avait plutôt bon appétit, la voilà qui refuse. Il la force, la gave comme une oie. Elle finit par avoir un haut-le-cœur. « Mais l'élève infirmier est jeune, il obéit aux ordres : il faut stimuler ! Finalement, cette voisine meurt très vite. Chacun fait son travail selon un protocole établi sans se soucier du bien-être du patient. On travaille avec les bras, mais la tête et le cœur sont absents », conclut-elle.

Je pourrais évidemment citer des dizaines d'exemples comme celui-là. Il suffit que nous ayons été témoins une seule fois de ce type de traitement pour que nous développions une hantise des maisons de retraite.

Un procès s'est ouvert à Bordeaux. Une directrice de maison de retraite y est jugée pour les traitements indignes infligés à ses pensionnaires. Ce procès coïncide avec la sortie d'un livre coup de gueule d'un infirmier en gériatrie[1], au service de personnes âgées dépendantes depuis plus de vingt-cinq ans. Son témoignage est accablant. « Des personnes âgées rudoyées, malmenées, insultées, et parfois ligotées ou humiliées... chaque année en France des dizaines de milliers de cas de maltraitance rythment encore la vie des maisons de retraite[2]. »

Cette triste réalité de la maltraitance, je l'avais déjà évoquée dans mon livre *Le Souci de l'autre.* On venait seulement d'en prendre la mesure. Le rapport commandé par Mme Paulette Guinchard, en janvier 2002, confirmait que la maltraitance des âgés n'était ni marginale ni accidentelle. 5 % des plus de soixante-cinq ans et 15 % des plus de soixante-quinze ans la subissaient. Pendant longtemps les victimes se sont tues, exprimant leur désarroi muet et leur mal-être par des tentatives de suicide. Quant aux familles, elles avaient peur que leurs plaintes n'aggravent la situation. Peur qu'on ne leur dise : « Si vous n'êtes pas content, allez voir ailleurs ! » Combien de familles ont préféré fermer les yeux plutôt que de se retrouver avec un parent dément à la maison !

Nous nous demandons peut-être pourquoi les soignants eux-mêmes ont gardé le silence. Ils avaient sans doute peur de perdre leur emploi ou d'avoir des ennuis. Quant aux autorités de tutelle, on les soupçonne parfois de fermer elles aussi

1. Jean-Charles Escribano, *On achève bien nos vieux,* Paris, Oh ! Éditions/France Info, 2007.
2. *Le Figaro,* 5 mars 2007.

les yeux, car étant donné le manque de places en établissements pour personnes âgées dépendantes, elles ne peuvent pas se permettre de fermer un nombre trop important d'établissements.

Aujourd'hui, la maltraitance des personnes âgées a « sa » journée mondiale de lutte et de prévention, et toute personne témoin de comportements indignes peut appeler le réseau ALMA (Allô – Maltraitance personnes âgées et personnes handicapées).

En France, les appels au secours ont beaucoup augmenté en dix ans. Le réseau ALMA recense différents types de maltraitance. « Les violences peuvent être physiques (coups, gifles), mais aussi verbales (injures, menaces) et psychologiques (cruauté mentale, humiliations, harcèlement, non-respect de l'intimité, refus des visites, confiscation du courrier, etc.[1] » Il y a les violences financières, les vols, les détournements, les pressions diverses et les maltraitances liées aux soins (contention, abus de neuroleptiques, toilettes rapides et brutales).

Certains cas sont médiatisés, mais il existe une maltraitance banalisée, moins spectaculaire, plus mesquine, difficile à chiffrer et néanmoins bien réelle. L'indifférence, le tutoiement, une toilette intime sur une femme exécutée par un homme, des réactions expéditives, des réveils sans ménagement, des repas laissés devant de vieilles gens qui n'ont plus le goût de manger. Certaines atti-

1. *Mieux vivre la vieillesse, op. cit.*

tudes blessent. Appeler un vieillard « papy » ou « mamie », employer le pronom impersonnel : « On a bien dormi ? On a soif ? » Mettre des couches à une personne qui peut encore se déplacer, sans compter que c'est le meilleur moyen de rendre incontinents ceux qui ne le sont pas encore ; l'incontinence, on le sait, est notre crainte la plus profonde, car c'est le symbole de l'entrée dans la déchéance. Il y a enfin tout ce qui relève de la contention. Par exemple, attacher une personne âgée dans son lit ou dans son fauteuil. L'argument sécuritaire est souvent invoqué pour justifier ces actes, mais il n'est pas acceptable. Une étude récente aux Etats-Unis montre qu'il y a huit fois plus de décès chez les personnes qui sont attachées que chez celles dont on respecte la liberté de se déplacer.

Les professionnels de santé se plaignent d'une tendance à voir de la maltraitance partout et à surresponsabiliser les établissements. Évidemment, le risque zéro n'existe pas, mais les usagers de la santé que nous sommes aimeraient que les directeurs établissent des règles et insufflent une culture du respect dans leur établissement.

Même si nous pouvons identifier les causes de la maltraitance, l'épuisement des personnels, la surcharge de travail, le manque de formation des soignants, elles ne justifient pas les mauvais traitements. Les soignants des maisons de retraite ne sont évidemment pas des sadiques et, la plupart du temps, ce sont « des gens ordinaires, ayant simplement oublié que ces vieillards qui leur donnent du travail, qui souvent ne sont ni faciles ni agréables, ce sont des hommes et des femmes, leurs semblables[1] ».

Ces soignants ne sentent pas le mal qu'ils font en ne respectant pas la dignité des personnes âgées et ils se blessent en fait eux-mêmes. Ils oublient qu'un jour ils seront à la place de ceux qu'ils soignent, vieux et dépendants. S'ils en avaient conscience, ils feraient aux autres ce qu'ils aimeraient pour eux-mêmes ou pour leurs proches.

Les politiques sont évidemment préoccupés par cette situation, conscients de l'urgence de renforcer les contrôles et de recruter du personnel formé à la « bien-traitance ». On avouait récemment au ministère de la Santé qu'il faudrait recruter « 40 000 professionnels par an pendant dix ans pour couvrir les besoins dans les métiers médico-sociaux[2] ».

On en est évidemment loin, car aujourd'hui « il y a quatre personnes en moyenne pour s'occuper de dix personnes âgées, contre huit pour dix en Angleterre et en Hollande », commente Pascal Champvert, président de l'Association des directeurs d'établissement d'hébergement pour personnes âgées, qui déplore qu'un soignant consacre à peine dix minutes pour la toilette d'une personne âgée, alors qu'il faudrait au moins le double, pour réaliser ce soin décemment.

Quand j'entends certaines personnalités poli-

1. *Ibid.*
2. *Le Figaro,* 5 mars 2007.

tiques pencher en faveur d'une loi sur l'euthanasie pour permettre à ceux qui veulent mourir dignement de demander la mort et de la recevoir, je suis inquiète. Il est certain que cela leur coûtera moins cher de voter une loi qui permettra aux médecins de donner la mort à tous les vieillards qui menacent de se suicider parce qu'ils n'en peuvent plus d'être maltraités, plutôt que de dégager les sept ou huit milliards d'euros nécessaires pour valoriser les métiers du grand âge et permettre que les personnes âgées soient traitées dignement.

Cette absence de moyens dans les établissements publics est d'autant plus choquante que le secteur des résidences pour personnes âgées est, paraît-il, juteux, et le marché connaît une croissance exponentielle : les personnes de plus de quatre-vingt-cinq ans seront 1,9 million en 2015 ! Les groupes privés se précipitent donc pour ouvrir des établissements. Selon le magazine *Capital,* ils ont multiplié par dix leurs profits entre 1998 et 2005 dans ce secteur d'avenir.

Même si on nous répète sur tous les toits que la dépendance n'est pas une fatalité, nous y pensons et nous la redoutons. Peser sur son entourage ou se voir contraint d'entrer dans un établissement pour personnes âgées dépendantes est tout simplement terrifiant. Je ne connais personne qui envisage de gaieté de cœur une telle perspective.

« Plutôt mourir que mal vieillir », c'est presque le mot d'ordre de ma génération. Je me rends compte que la vieillesse peut être pire que la mort. Je comprends que pour garder une relative sérénité d'esprit à la pensée de son grand âge, on puisse songer au suicide ou à l'euthanasie comme ultime rempart de sa dignité. D'ailleurs, un de nos voisins en Europe, la Hollande, réfléchit sérieusement, paraît-il, à la mise en circulation d'une pilule euthanasique pour les vieillards lassés de vivre dans un monde où ils n'ont plus leur place.

Il y a quelques mois, lorsque j'ai proposé à mon éditeur d'écrire sur le « bien vieillir », je pensais écrire sur le rayonnement de la vieillesse, sur le dynamisme du grand âge. J'avais en tête quelques paroles fortes de vieux sages. Celles de Cocteau lorsqu'il disait : « J'aime vieillir, l'âge apporte un calme, un équilibre, une altitude. L'amitié, le travail, tiennent toute la place. » Ou celle de Rita Levi Montalcini, prix Nobel de médecine : « La vieillesse est pour moi la période la plus belle de ma vie. » Celle-ci, encore, puisée dans *La Dernière Leçon*[1], d'un vieux professeur d'université atteint de la maladie de Charcot : « Vieillir, ce n'est pas seulement se détériorer, c'est croître. » C'était ce visage serein et lumineux de la vieillesse que je voulais rencontrer.

Maintenant, j'ai honte. J'en suis incapable. Je me sens totalement paralysée dans mon écriture. Je me sens vieille, usée avant le temps. Moi qui ai toujours porté sur la vie un regard de confiance, voilà que le spectre de la solitude, au moment

1. Mitch Albom, *La Dernière Leçon*, Paris, Robert Laffont, 1998.

où j'entre dans le troisième âge, me terrasse, me plonge, d'une façon qui m'a surprise moi-même, dans une dépression inattendue.

Cet état détestable, dans lequel j'ai d'ailleurs peine à me reconnaître, cette tristesse, ce manque d'énergie, me rendent incapable d'écrire. Je me rends compte que le sujet de mon livre me renvoie constamment à la problématique du détachement, de la solitude. Cela m'est donc particulièrement difficile de l'aborder pour le moment. Il faudrait que je sois capable d'un certain optimisme, voire d'un enthousiasme, d'une « chaleur du cœur » qui se sont volatilisés cet été. Pour le moment, chaque pensée sur la vieillesse me donne le sentiment de m'enfoncer dans un monde de grisaille. Je sens l'angoisse de mes contemporains. D'ailleurs, lorsque je m'aventure à leur demander ce qu'ils pensent de la vieillesse, comment ils la considèrent, je lis de la peur dans leurs regards. Leurs visages se ferment. Devant leurs silences embarrassés, je comprends vite que personne n'a envie d'aborder ce sujet. Un sujet triste, déprimant, de toute évidence.

Le pire n'est pas sûr

L'été a passé sans que je puisse écrire une ligne. Et puis deux événements m'ont remise en selle. Le premier est une promenade à cheval en Camargue, le second la rencontre avec le psychogériatre Olivier de Ladoucette.

J'avais promis à ma petite-fille, Marie, de l'emmener en Camargue pour ses dix ans. C'est le pays de ma grand-mère. Nous l'aimons pour son ciel immense, la lumière argentée de ses marais et ses chevaux blancs.

Nous descendons toujours à l'hôtel de Cacharel, aux Saintes-Maries-de-la-Mer. Il est tenu par Florian, le fils de Denis Colomb de Daunant, à qui nous devons ce film plein de poésie que tous les enfants ont vu il y a cinquante ans : *Crin blanc*.

Ce jour-là, Florian nous emmène à cheval dans le marais qui borde sa propriété. Il fait doux. La lumière est magnifique. Au loin, quelques flamants roses pêchent avec élégance. C'est un moment de paix. Nos chevaux entrent au pas dans l'eau grise du marais. Des gerbes étincellent. Marie est heureuse. Je la vois devant moi, belle et droite, bien assise dans sa base. Soudain, mon cheval, Flamand, s'immobilise. Ses pattes sont enfoncées dans la boue jusqu'au ventre. J'appelle Florian. Il est surpris. Il ne savait pas qu'il y avait un trou à cet endroit dans le marais. Après avoir conduit Marie sur le rivage, il revient vers moi. Il comprend vite qu'il ne peut rien faire, il s'enfoncerait à son tour. Nous envisageons toutes les solutions. Le cheval, lui, dit-il, s'en sortira toujours. Mais moi ? Je ne peux pas descendre, je ne peux pas nager, car il n'y a pas assez d'eau. Je pourrais tout juste m'allonger et me laisser tirer par une corde qu'il me lancerait depuis la rive. Je réfléchis, toujours assise sur mon cheval embourbé, qui reprend son souffle doucement. Et si je laissais faire mon cheval ? Oui, dit Florian, tu peux essayer mais il faut que tu t'accroches fort à la selle, parce que, lorsqu'il va sortir de son trou, cela va être violent. Je décide d'essayer. Deux coups de talon vigoureux, et mon cheval a compris. Il tente un premier bond en avant, puis un deuxième, puis un troisième. Les bonds sont saccadés, mais je m'accroche et nous voilà enfin sur la rive, le cœur battant, couverts de boue, mais heureux d'en être sortis.

Le soir, en repensant à cet épisode étrange, je comprends que la vie vient de me donner une fameuse leçon.

Le cheval apparaît souvent dans les rêves comme un symbole de force et de vitalité. Lorsqu'il est blanc, c'est l'énergie de l'esprit qu'il symbolise. Les analystes jungiens y voient une figure de l'intentionnalité vitale. Je croyais être enfoncée dans les eaux boueuses de ma peur de vieillir, incapable d'avancer, déjà vieille, et voilà que l'événement de ce matin me montre qu'en faisant confiance à mon dynamisme intérieur, à mon « conatus », en faisant confiance à la vie qui me porte, je peux sortir de la boue de ma dépression.

En rentrant de Camargue, je sens la vie revenir. Je reprends l'écriture de ce livre. J'ai un double défi à relever, comme je l'évoquais dans mon introduction : ne pas idéaliser la vieillesse, mais aider ma génération à dépasser ses peurs et à avancer vers elle comme vers une ouverture de lumière.

Puisqu'on nous promet une vie de plus en plus longue, cherchons les clés d'une jeunesse intérieure qui nous permette de ne pas « rouiller », de ne pas nous replier sur nous-mêmes, de garder un horizon vaste, même si notre univers se rétrécit, bref de rester des vivants jusqu'au bout.

Remise en selle, si l'on peut dire, ayant retrouvé l'axe de mon propos sur l'expérience de vieillir, j'ai voulu rencontrer Olivier de Ladoucette, parce qu'il a toujours porté un regard à la fois compétent et optimiste sur le vieillissement. Il connaît bien le sujet puisqu'il enseigne la psychologie du vieillissement à Paris-V, reçoit dans son cabinet « des jeunes de seize à quatre-vingt-dix ans », comme il le dit, et qu'il consulte dans un établissement pour personnes atteintes de la maladie d'Alzheimer, la Villa Épidaure.

— Les gens ont un regard triste sur les années qui les attendent, me confie-t-il. J'essaie de leur faire entendre que vieillir aujourd'hui, cela peut être vécu comme une victoire.

— Une victoire! Notre société peut-elle entendre cela? N'est-elle pas trop résolument pessimiste? ai-je demandé.

— C'est encore difficile de tenir ce discours, mais de plus en plus de gens prêtent l'oreille. Cela ne veut pas dire qu'ils sont convaincus. Quand vous leur parlez, ils vous disent que vous avez raison. Et puis cinq minutes plus tard, ils vous contredisent. On sent qu'ils sont encore très influencés par les idées qui dominent dans la société : à quoi ça sert de vieillir si on doit tous finir comme des légumes!

Olivier me raconte qu'aucun magazine féminin n'a voulu parler de son premier livre, *Bien vieillir.*

— On m'a fait comprendre que le mot « vieillir », c'était un mot obscène. Les magazines s'adressaient aux ménagères de moins de cinquante ans! Trois ans plus tard, quand j'ai sorti mon deuxième livre, *Rester jeune, c'est dans la tête,* le magazine *Elle* est venu me chercher.

— Sans doute la pression des baby-boomers y est-elle pour quelque chose? ai-je demandé.

— Oui, aujourd'hui, on peut parler des sexagénaires. On veut bien leur trouver des qualités de séduction, de jeunesse, de performance. C'est toujours un peu caricatural, centré autour de quelques stars, mais on peut s'identifier. Dans dix ans, on parlera sans aucun problème des septuagénaires. Ce qui reste mystérieux, poursuit Olivier, c'est que le vieillissement n'est pas perçu par les gens comme un processus progressif, mais comme quelque chose qui vous « attaque » autour de soixante-quinze ou quatre-vingts ans. Entre cinquante et soixante-quinze ans, on ne sait pas ce qui se passe. On ne sait pas ce que vivent les gens. On ne sait pas qui ils sont. Ils ont probablement peur de vieillir, ils essaient de prolonger leur jeunesse et ne veulent pas trop se projeter parce qu'ils pensent que cela va mal se passer. Ils ont compris que, s'ils ne font pas trop de conneries, ils resteront en forme jusqu'à soixante-quinze ou quatre-vingts ans, mais après ils sont persuadés que cela va mal finir et que leur ticket existentiel, au-delà de cette limite, sera sérieusement compromis.

— N'est-ce pas un peu vrai ?

— Moi, je leur dis : non ! On peut être encore en forme au-delà de soixante-quinze ans. Le gain d'espérance de vie, ce n'est pas un gain d'espérance de vie en dépendance, mais un gain d'espérance de vie en santé.

— Mais il y a bien un moment où les choses se dégradent, on décline sérieusement, et parfois longtemps.

— Oui, mais cette période terminale va arriver de plus en plus tard, et elle sera aussi de plus en plus courte. On vit plus longtemps en bonne santé, et puis on décline plus vite, plus tard. Donc, il faut rassurer les gens qui ont peur d'une fin de course qui n'en finit pas. Ça se traduit par des chiffres très simples : l'espérance de vie totale croît moins vite que l'espérance de vie sans incapacités. Il n'y a donc pas lieu de paniquer. Bien sûr, bien vieillir exige d'avoir une vie saine, de faire du sport, de bien se nourrir, de rester actif, d'avoir une vie sociale. Et cela ne s'improvise pas à soixante-quinze ans. Il faut y penser dès l'âge de soixante ans.

« Quand je dis aux gens qu'ils vont vivre centenaires, ils sont effarés. Mais je leur fais remarquer qu'ils ne vieilliront pas comme leurs parents. Ils ont des choix de vie différents, des façons de se nourrir, de faire du sport, un accès aux soins, qui n'existaient pas autrefois. Leur façon d'appréhender les problèmes, l'importance des loisirs et celle qu'ils accordent au fait de se faire plaisir n'est pas la même. Leurs parents, eux, ont connu les guerres, ils se sont souvent mal nourris, ils ont tous fumé, ils ne faisaient pas de sport.

« On vit dans une société qui n'a pas compris que l'âge physiologique et l'âge social ou l'âge subjectif ne coïncident plus. On parle de "personnes âgées", mais cela recouvre des sous-groupes très hétérogènes. Cette tranche d'âge des cinquante-cinq à quatre-vingts ans est toute neuve. C'est à notre génération d'explorer une nouvelle manière de vieillir.

Je suis heureuse d'entendre Olivier de Ladoucette confirmer mon intuition de départ. Nous parlons alors de l'exemple des centenaires de l'île d'Okinawa. Olivier en est convaincu, le cœur ne vieillit pas. On peut, jusqu'à la fin d'une très longue vie, vivre d'authentiques élans affectifs et même pour certains garder une vie sexuelle.

— Celle-ci est beaucoup plus vivante qu'on ne

l'imagine. Elle est facteur d'équilibre et de longévité. Regardez dans les maisons de retraite ! C'est un sujet totalement tabou, mais c'est une réalité très touchante. Il y a des rapprochements tendres, des élans amoureux, y compris chez les patients déments. Le personnel des maisons de retraite accepte relativement bien cette vie intime des résidents. Ce sont les familles les plus intolérantes. Quand Papa veuf commence à flirter avec Mme Untel, la prend par la main, l'embrasse sur la bouche, cela gêne beaucoup les enfants qui font pression pour qu'on sépare les impétrants ! Cette attitude des enfants traduit évidemment la difficulté que nous avons tous à nous représenter la sexualité de nos parents.

« Les gens s'imaginent, continue Olivier, que, passé un certain âge, on s'emmerde, la vie n'a plus de sens, plus rien ne rend heureux. Ils se trompent. Ils ne réalisent pas qu'en vieillissant leur psychisme évolue. Des choses sans importance quand on est jeune revêtent une importance incroyable quand on vieillit. Le sourire d'un enfant, par exemple. Pour une personne de quatre-vingt-cinq ans, cela vaut un bon gueuleton trois-étoiles quand on a quarante ans ! On n'est plus dans le même espace-temps, on n'a plus les mêmes références !

— Vous rencontrez beaucoup de gens qui sont heureux à un âge avancé ?

— Oui, certains me disent même qu'ils sont plus heureux aujourd'hui qu'il y a vingt ans.

— Mais alors pourquoi tant de personnes âgées se suicident-elles ? Je pense aux chiffres terrifiants qui montrent que la France tient le triste record du monde des suicides de vieillards.

— Le fait que l'on puisse être heureux, tout en étant vieux, ne veut pas dire que tous les vieux le sont. Loin de là. Je crois qu'au-delà de la solitude et éventuellement de la maltraitance de nos aînés ces derniers souffrent surtout du regard que l'on porte sur eux. Ils ont l'impression désastreuse d'être devenus inutiles, transparents. Il faut absolument que nous cessions de voir en eux un fardeau pour la société.

J'évoque brièvement les craintes que nous avons tous de devenir un fléau social. Olivier de Ladoucette me fait remarquer que les perspectives économiques ne sont pas aussi sombres qu'on veut bien nous le faire croire. D'abord, les dépenses liées au vieillissement seront compensées par une baisse des autres dépenses sociales, allocations familiales, enseignement, chômage, puisque le nombre d'actifs en âge de procréer, de se former et de travailler ira en diminuant. Ensuite, il ne faut pas oublier le gisement d'emplois que représentera dans les années qui viennent la gestion du vieillissement et de la dépendance. Enfin les seniors sont d'excellents consommateurs et sont réputés généreux avec leurs enfants et petits-enfants[1].

1. Un article de Claire Gatinois dans *Le Monde* affirme que 84 % des soixante à soixante-dix-neuf ans n'ont pas de problèmes financiers. Ils sont « une source de bien-être tant sur le plan économique que culturel ». La contribution des plus de soixante ans à l'économie française est estimée à 7,5 milliards d'euros par an.

Revenant sur le sentiment d'inutilité des âgés, Olivier insiste :

— Il faut que nous apprenions à faire appel à eux, à voir tout ce qu'ils peuvent nous apporter, en termes de compassion, de sagesse, de rapport au temps, de spiritualité. On voit bien que les pays dans lesquels le taux de suicide des âgés est le plus bas, l'Irlande très catholique, l'Angleterre, mais aussi les pays nordiques, ont une vraie politique de prise en charge des retraités et des personnes âgées. Dans ces pays, les « vieux » ont leur place. La solidarité entre générations existe. En France, il n'y a pas de politique sérieuse à l'égard du grand âge, la vision sociétale de la vieillesse est très négative. Regardez la façon dont notre pays a traité le lundi de Pentecôte ! C'est scandaleux ! Ce manque de courage des politiques, des syndicats, des individus, de l'Église ! Comment ne pas être désespéré ?

— Au fond, en France, on vieillit longtemps parce que notre médecine est bonne et que les facteurs climatiques, économiques et culturels favorisent la longévité, mais on n'est pas heureux de vieillir ! On a le sentiment que les gens vieillissent malgré eux ! ai-je suggéré.

— C'est cela ! a conclu Olivier, je pense que le suicide des personnes âgées reflète cette souffrance de ne pas avoir sa place dans la société. Comment pouvons-nous faire en sorte que nos « vieux » gardent le sentiment de valoir quelque chose, d'être encore utiles, comment pouvons-nous faire pour qu'ils se sentent moins rejetés, moins mal aimés ?

En prenant congé d'Olivier, j'ai le sentiment que l'avenir ne sera sans doute pas aussi sombre que nous le pensons. Nous allons vieillir plus longtemps, mais mieux. Encore nous faudra-t-il construire une image plus positive de cet âge de la vie, affronter nos peurs pour les dépasser, élaborer une vraie politique de prévention de la mauvaise vieillesse. Enfin, il nous appartiendra de lutter contre le déni du vieillissement et de la mort en « travaillant » à vieillir.

L'âge d'or des seniors

Un dessin de Wolinski[1] montre un groupe de seniors pleins de santé, hilares, heureux de vivre, autour d'un verre de vin dans un bistrot. À côté, une table de jeunes, les épaules voûtées, l'air triste, désœuvré. Un enfant commente la scène : « Soixante-dix ans, c'est l'âge où la vie commence ! Les anciens profitent du temps qui leur reste. Ils font de la gym, voyagent, se marrent avec leur passé. » Il remarque que les enfants, eux, « ne se marient pas », car leur avenir, c'est de « devenir des jeunes qui n'ont pas d'avenir. Regardez-les, ils sont sinistres, mal rasés, leurs chemises flottent par-dessus leurs pantalons. Ils ne savent plus lire, écrire, s'exprimer... leurs nanas sont gothiques, tatouées, cloutées ». Avant de conclure : « Si vous saviez avec quelle impatience j'attends de devenir senior ! »

Wolinski a finement saisi cette nouvelle jeunesse des « joyeux papies et mamies » qui, vigoureux et insouciants, sillonnent la planète en voyages organisés, jouissent d'une vie oisive

1. *Paris Match,* 10 août 2006.

et confortable, ont le temps de se cultiver dans des clubs du troisième âge, consomment d'hallucinantes quantités de crèmes anti-âge et d'anti-radicaux.

Car l'obsession de notre génération est en effet de rester jeune. Les entreprises de cosmétiques, les firmes pharmaceutiques et alimentaires l'ont bien compris. Elles exploitent l'immense marché que représentent les seniors et leur peur de vieillir. Le senior a de l'argent. Il est donc une source de revenus potentiels, un portefeuille, bref un consommateur. *Tirez profit du raz de marée senior* ou *Les Règles d'or pour séduire les seniors,* voilà les titres des derniers ouvrages de conseils en marketing de Jean-Paul Tréguer. On appelle cela le « senior marketing ». Nous ne voulons pas vieillir et nous en avons désormais les moyens. Nous pouvons ralentir le processus du vieillissement, comme l'affirme cette publicité de L'Oréal pour sa gamme « Plénitude » : « Intensément rechargée pendant la nuit, la peau se réveille fortifiée et régénérée. » Nous pouvons donc agir sur notre corps pour lui donner toutes les chances de longue vie. Éviter qu'il ne s'encrasse et ne rouille trop vite.

La science comprend mieux maintenant comment et pourquoi nos cellules se dérèglent et s'oxydent. L'influence de la restriction calorique sur la longévité est désormais vérifiée. Notre génération en tire les conséquences. Elle mange moins et mieux. On parle de « consensus alimentaire » : boire de l'eau, bannir le tabac, le café et l'alcool, diminuer les graisses animales mais consommer de bonnes huiles (d'olive, de colza, de poisson), privilégier les fruits – notamment les pommes, qui sont des éponges à cholestérol[1] – et les légumes. Ce consensus, nous l'adoptons d'autant plus facilement que nous pouvons continuer à boire modérément du vin rouge et à manger du chocolat. Le vin rouge, très tannique, contient du resvératrol, cette mystérieuse molécule qui protège des maladies cardiaques et prolonge la vie. Nous savons aussi, et mon ami Istvan d'Eliassy, patron des chocolateries Jadis et Gourmande me l'a confirmé, que le chocolat noir est un antidépresseur, car il contient du magnésium, des stimulants du système nerveux, de petites quantités de sérotonine. On sait qu'il stimule la production d'endorphines, les opiacés naturels du cerveau, et qu'il contient également ces fameux antioxydants qui ralentissent le processus du vieillissement. On voit déjà apparaître sur le marché du « chocolat anti-âge », preuve que le senior marketing se porte bien.

Si notre longévité dépend de notre frugalité et de notre comportement alimentaire, elle repose en grande partie aussi sur la pratique d'un exercice physique régulier. Nous savons qu'en marchant beaucoup, en faisant du vélo, du jogging avec de bonnes chaussures, de la gymnastique,

1. On connaît cet adage anglais : *An apple a day keeps the doctor away.*

du yoga, en montant les escaliers au lieu de prendre l'ascenseur, nous vivrons mieux et plus longtemps.

Enfin, on nous annonce toutes sortes de miracles scientifiques susceptibles de prolonger notre durée de vie. Pilules intelligentes, puces implantées sous la peau, remplacement d'organes défectueux. La longévité sera incontestablement l'un des grands thèmes de la recherche appliquée des prochaines années. Elle aura un impact économique considérable.

Le chapitre que Joël de Rosnay consacre à cette question dans *Une vie en plus* est passionnant. Nous apprenons ainsi qu'aux États-Unis, déjà, des dizaines de start-up se sont créées pour produire et commercialiser des produits promoteurs de longévité. Certaines entreprises cherchent les gènes de la longévité, en étudiant la génétique des centenaires. La prévention est aussi un domaine de recherche. Ainsi, le laboratoire Probiox en Belgique a mis au point un bilan de l'état d'oxydation des principales molécules du corps. Cela se fait facilement à partir d'une simple prise de sang. On peut savoir si son corps est trop oxydé, trop rouillé, et en tirer les conséquences : faire un régime, faire du sport, éviter tel ou tel médicament.

Dans le même ordre d'idée, on ira probablement vers une multiplication des puces sous la peau, qui contiendront un dossier médical miniature ou qui réagiront aux désordres métaboliques, des « textiles intelligents[1] » capables de détecter la composition de la transpiration, les battements cardiaques, la pression artérielle. On posera des implants, comme ces mini-défibrillateurs qui détecteront les signaux d'un battement cardiaque déficient et enverront une décharge électrique immédiate, et que portent déjà certains privilégiés aux États-Unis.

Quand nos organes seront usés, on les remplacera, comme on change les éléments défectueux d'une voiture. Ou bien on les reconstituera à partir de cellules souches d'embryons humains. Ou bien encore on prélèvera des cellules de peau que l'on transformera en cellules spécialisées (musculaires, osseuses, cardiaques, etc.) après les avoir « déspécialisées ». Cette « technique d'ingénierie tissulaire représente un immense espoir[2] ». Dans l'avenir, pour simplifier, on reconstituera les organes et on les fera repousser dans le corps.

On peut aussi imaginer que l'on passera des « contrats d'entretien » de son corps avec certaines entreprises pharmaceutiques associées à des compagnies d'assurances. « On pourrait effectuer à domicile un test biologique à partir d'un cheveu, d'une goutte de sang ou d'une cellule de l'intérieur de la joue, puis envoyer les résultats à un centre de soins. Les services d'assistance à domicile par téléphone assureraient le suivi[3] », ajoute Joël de Rosnay, non sans s'interroger sur le luxe indécent d'une telle prévention et

1. *Une vie en plus, op. cit.*, p. 79.
2. *Ibid.*, p. 83.
3. *Ibid.*, p. 74.

le décalage énorme qui existerait alors entre les pays industrialisés où se généraliserait ce type de contrats de maintenance et les pays en développement où la mortalité reste encore élevée, faute d'eau potable et d'accès aux soins.

Tout cela est à la fois fascinant et effrayant. On imagine le narcissisme monstrueux des futurs vieillards que nous serons alors, bardés de prothèses, truffés de puces qui donneront notre position au médecin, diffuseront telle ou telle hormone, nous enverront une décharge si notre cœur flanche. Non seulement nous serons devenus de véritables machines, mais de plus, obsédés par notre forme et notre apparence, nous serons uniquement et constamment préoccupés de nous-mêmes et de notre sacro-saint entretien. Nous nous en doutons, une telle évolution ne fera que creuser un peu plus le fossé entre riches retraités et pauvres retraités, ainsi que le fossé entre les seniors et les jeunes générations.

Ce « nouvel âge » tant envié par le jeune garçon de Wolinski ne peut se réduire à un temps de jouissance insouciante et égoïste. Si « rester jeune » dépend de nous, de notre manière de vivre, de notre santé physique, il est de notre responsabilité d'éviter deux écueils.

Le premier est de nous couper des générations plus jeunes. C'est ce que l'humoriste a bien saisi. Il y a quelque chose d'indécent à étaler son confort, son oisiveté, devant des jeunes qui ont tant de mal à trouver du travail et à s'installer dans la vie. Notre génération de baby-boomers a bénéficié des Trente glorieuses, elle est sans doute la seule génération qui profitera aussi largement du système mis en place pour les retraites.

J'ai surpris récemment la conversation de quelques jeunes dans une brasserie. Ils parlaient de la précarité de leurs emplois, de leurs difficultés à trouver un logement, et puis la conversation a tourné autour de leur agacement profond devant l'arrogance et l'égoïsme affiché d'un groupe de seniors qui parlaient haut et fort à la table voisine.

Wolinski ne s'y trompe pas. Les jeunes sont inquiets de leur avenir et ne supportent plus l'image dorée que nous leur renvoyons. Ils la tolèrent d'autant moins que partout on leur serine que les fragiles équilibres entre générations vont exploser et que « les jeunes vont payer pour les vieux » !

Le deuxième écueil serait, en voulant de manière obsessionnelle prolonger notre jeunesse, de manquer notre tâche, celle de nous préparer au grand âge et à la mort. Le mythe de la jeunesse éternelle peut nous empêcher d'accepter de vieillir et de savoir mourir le moment venu.

Comment vivre cet âge d'or des seniors sans tomber dans l'un ou l'autre des écueils que nous venons d'évoquer ? Comment profiter des formidables progrès de la science pour rester en bonne santé le plus longtemps possible sans s'enfermer dans un jeunisme insupportable et pathétique ? Comment tirer le meilleur usage de notre longévité pour accomplir cette ultime tâche, vieillir ? Car il ne s'agit pas tant d'allonger une vie qui serait étouffante pour les autres, étouffante pour soi-même, que de trouver les clés d'une jeunesse intérieure donnant au temps qui reste à vivre toute sa lumière.

Changer notre regard

Olivier de Ladoucette, qui voit des centaines de seniors par an, est catégorique : les gens ont peur de vieillir parce qu'ils souffrent du regard que l'on porte sur eux. Ils ont l'impression d'être laids, inutiles, un fardeau pour la société. Il nous faut donc commencer par changer le regard que nous portons sur les personnes âgées. Lorsque notre regard aura changé, nous percevrons mieux tout ce que nous pouvons faire pour atténuer les peurs qui nous habitent.

Alors qu'en Afrique et en Asie les vieux font partie tout naturellement du paysage, nos sociétés occidentales ont fini par les cacher[1], parce qu'elles les trouvent tout simplement laids. Armelle Canitrot, dans le journal *La Croix,* fait

1. Dans un dossier du samedi 14 octobre 2006 consacré à l'image de la vieillesse, Armelle Canitrot, du journal *La Croix,* s'interroge sur le fait que « la France cache son âge ». Prenant acte de la réticence des journaux à publier des photos de personnes très âgées, elle écrit : « Un extraterrestre n'ayant de la société française que l'image renvoyée par ses médias – presse, télévision, publicité, cinéma – conclurait sans hésiter qu'en France, aucun individu ne franchit le cap des soixante-dix ans. Pourtant aujourd'hui, une personne sur dix a plus de soixante-quinze ans ! »

remarquer à juste titre que les photos en noir et blanc représentant autrefois nos vieux, le visage parcheminé, « dans des lumières quasi mystiques », sont remplacées aujourd'hui par des photos en couleurs de seniors en pleine forme. « Super-papy ou mamy bon teint, belle peau, dents blanches, tempes grisonnantes, s'éclatent en voyage ou à bicyclette, dans une verte prairie là où il fait toujours beau. Ridés et âgés de plus de soixante-cinq ans s'abstenir. »

Samuel Bollendorf, le réalisateur du film *Ils venaient d'avoir quatre-vingts ans,* confirme qu'aucune chaîne de télévision n'a voulu passer son film, dans lequel il montre et donne la parole à de très vieilles personnes. Il n'est pas question d'« encombrer le champ visuel » avec des images témoignant des pertes et des dégradations inévitables du quatrième âge. Ce dernier est systématiquement associé à la maladie, la laideur, le déclin mental, l'isolement, l'ennui et l'inutilité. Le vieux est seul, mal portant et il va mourir. Et comme il ne produit plus rien, que ses forces déclinent et qu'il ne dit plus grand-chose, comme il n'a aucun poids politique, ne défend pas ses droits, ne se fait pas entendre, on finit par le considérer comme n'étant plus rien. Tout le drame de la tristesse des âgés vient de là : la honte d'être vieux, amoindri, le sentiment de n'être plus aimable et d'inspirer aux autres du dégoût et de la peur.

C'est le cas de cette femme de quatre-vingts ans, assise à côté de moi chez mon coiffeur. Jean-Claude Dugrand vient de lui terminer son brushing. J'observe sa cliente du coin de l'œil. Une grande femme distinguée très mince, habillée avec goût. Son visage est fin, parcheminé de rides. Les traits sont réguliers, le profil élégant. Je me dis : « Comme elle a dû être belle ! » Tout en me faisant cette réflexion, je me demande pourquoi elle ne l'est plus aujourd'hui. Je vois son air triste dans le miroir, qu'elle interroge de ses grands yeux pleins d'angoisse. Elle tapote ses joues creuses avec un soupir qui pèse une tonne. « Je n'ai plus de visage », murmure-t-elle à voix basse.

J'imagine alors ce que serait ce même visage s'il était éclairé d'un beau sourire, les yeux pétillants de joie, comme le visage d'Irène Sinclair, cette mannequin de quatre-vingt-dix ans qui pose pour la marque cosmétique Dove. Un visage raviné, mais radieux.

Je comprends alors que ce qui manque aux vieilles personnes pour être belles, ce n'est pas une peau lisse et des joues pleines, ce sont la joie et la jeunesse du cœur.

Cependant, nous en conviendrons, tant que les magazines, les livres, mettront uniquement l'accent sur l'impératif de rester jeune[1], nous n'aurons plus le choix qu'entre deux perspectives, toutes les deux aussi sombres : nous remodeler, tonifier sans relâche nos muscles, faire appel aux progrès de la cosmétique et de la chirurgie esthé-

1. J'ai découpé l'autre jour, dans un hebdomadaire destiné aux seniors, une publicité qui m'a fait sourire : la femme supposée utiliser des protections conseillées en cas d'incontinence avait l'air d'avoir tout juste fêté son trentième anniversaire.

tique pour ralentir le processus du vieillissement et conserver un semblant de jeunesse, ou bien nous résigner et nous cacher.

Tant que notre regard restera peureusement rivé aux critères esthétiques de la jeunesse, tant que nous n'aurons pas opéré une révolution narcissique en découvrant l'extraordinaire liberté qu'il y a à ne plus être préoccupé de son image, du regard des autres sur soi, nous vieillirons dans la crainte, avec le sentiment de ne pas être aimé, d'inspirer aux autres du dégoût et de la peur.

Il me semble beaucoup plus intelligent et épanouissant d'exercer notre regard à voir avec les yeux du cœur. Alors peut-être le visage de la vieillesse nous paraîtra-t-il naturel, et pourquoi pas enviable.

Lors d'un séminaire consacré à la question du « corps vieux[1] », Danielle Bloch, historienne d'art, a exposé une série de diapositives représentant le corps d'hommes et de femmes âgés, dans l'art occidental. Des images difficiles à regarder. Elles montrent le corps nu, à cet âge avancé de la vie, avec ses plis, ses chairs affaissées, sa peau trop grande, ses bouches édentées, ses yeux rougis ou humides comme des lacs. Il s'agit là d'un réalisme terrifiant. C'est vrai que du point de vue du corps objectif, de la corporéité, la vieillesse est forcément laide.

Les experts invités à ce séminaire souffrent,

1. Cinquième cercle de la fondation Esai, jeudi 5 avril 2007.

comme d'ailleurs je souffre moi-même. Nous avons tous, à l'exception d'une ou deux personnes, dépassé la soixantaine. On nous présente, comme dans un miroir, ce que nous sommes peut-être déjà, ou ce que nous allons devenir. Est-ce bien à moi, ces rides sur le visage, cette peau qui se relâche sous les bras, ce crâne dégarni, ce ventre flasque, ces jambes pleines de varices ? Comment surmonter cette tristesse devant un corps qui se fane, accepter cette altération de l'image de soi ?

Sans doute nous faut-il faire le deuil de la beauté objective de nos corps. Ils s'useront. C'est certain ! Malgré les progrès de la chirurgie esthétique, de la cosmétique, de l'hygiène. Même si nous faisons du sport, que nous surveillons notre alimentation. Nous ne pouvons pas faire l'économie de ce deuil.

Lorsqu'on accepte de perdre quelque chose, autre chose vient. C'est la dynamique du deuil. Ce n'est pas une consolation, c'est une réalité. Mais on l'oublie. Aussi je crois sincèrement que nous parviendrons à nous aimer sous nos rides, sous les plis et les poches de notre peau. Nous guérirons de nos blessures narcissiques et les autres verront en nous une autre beauté.

Dans la discussion qui suivit l'exposé, le philosophe Bertrand Vergely s'est exclamé : « Mais n'y a-t-il pas de représentation de la beauté des vieillards ? » Non, la réponse est non ! L'Occident semble avoir opté pour une représentation proprement effrayante de la déchéance du corps, comme pour rappeler à l'homme que, lorsqu'il s'agit du corps, tout est vanité. Bertrand Vergely fait remarquer alors qu'en Orient on ne montre pas les corps mais les visages qui, bien que burinés par le temps, expriment la plénitude. Il cite les visages magnifiques des vieux sadous en Inde, les visages paisibles des vieux en Chine, la lumière des icônes. Ces dernières parlent d'un corps profond et pas simplement d'un corps apparent et corruptible. Elles enseignent qu'il est possible d'expérimenter un corps de lumière, double ontologique du corps physique. Quant aux vieillards de l'Inde ou de la Chine, qui pratiquent la méditation et le silence, ils expérimentent eux aussi ce corps, et c'est la raison pour laquelle leur visage nous fascine tant.

En l'écoutant, la publicité de Dove pour une gamme de produits anti-âge m'est revenue à l'esprit. Irène Sinclair pose avec son visage creusé de rides, au milieu duquel irradie un sourire éclatant. À côté de l'image, on pose la question : « Ridée ou radieuse ? » Voilà qui résume la distinction que nous devons faire entre la corporéité (ridée) et la corporalité (la manière d'être dans son corps, ici, radieuse).

Cette publicité va, en fait, bien plus loin qu'une incitation à consommer les produits de la marque. Elle nous montre la voie. Certes, il nous faut faire le deuil de notre peau jeune, accepter nos rides, mais une autre beauté nous est accessible, celle de la jeunesse émotionnelle. Nous pouvons rayonner de joie. Notre corporalité l'emporte alors sur notre corporéité. Accepter son image de vieil homme ou de vieille femme est donc possible. Tout se passe comme si la transformation physique obligeait progressivement l'appareil psychique à intégrer ce changement. C'est ce que le psychanalyste Gérard Le Gouès appelle, non sans humour, le « stade des rides ».

En octobre 2005, c'est le couturier John Galliano qui a fait appel à des modèles âgés pour son défilé du printemps-été 2006. Des agences de mannequins, comme la célèbre agence Élite, revendiquent des fichiers de modèles âgés de soixante-cinq à cent ans. Sur les photos, on retrouve d'un visage à l'autre des regards pétillants de vie, des cheveux gris aux reflets brillants et des ports de tête altiers. Tous les visages sont marqués par le temps, mais ils ont du caractère. Un consommateur âgé peut alors s'identifier au mannequin et un « jeune » se dire qu'il aimerait bien vieillir comme lui.

Parmi les diapositives présentées par Danielle Bloch, une image m'a particulièrement intriguée. Il s'agit d'une peinture d'Andrès Serrano, qui date de 1994, et qui montre deux amants âgés, nus, face à face. L'affaissement des chairs, les marques du vieillissement, rendent ce tableau pénible à regarder. Et pourtant les deux amants semblent totalement inconscients de la laideur de leur corps, tant ils sont encore dans la vie, dans la joie d'être ensemble. N'y a-t-il pas un moment où le vieillissement nous impose de ne plus regarder nos corps narcissiquement, mais d'apprendre, si nous ne l'avons déjà fait plus jeunes, à vivre nos corps, à éprouver le plaisir d'être vivant et, dans le contact avec un autre, d'éprouver la douceur d'une peau contre une autre peau ?

En revenant de ce séminaire, laissant défiler les images qui nous ont été montrées, je me dis qu'il est sans doute plus respectueux de soi et de l'autre de cacher le corps vieux. Je pense à cette vieille femme qui vient tous les jours de l'année se baigner nue sur une plage de l'île d'Yeu. Elle vient tôt le matin, quand la plage est quasiment déserte, et elle se déshabille discrètement dans les rochers. Je comprends qu'elle ne veuille pas se priver du plaisir de sentir l'eau de la mer sur sa peau. Cette femme a accepté que son corps ne soit plus « regardable ». Elle fait attention, pas seulement par pudeur, mais pour épargner les autres. Et, en même temps, elle veut continuer à vivre son corps, à éprouver du plaisir.

D'un côté, on se plaint de cacher la vieillesse, de l'autre, on s'en félicite car elle est laide. Ce paradoxe nous conduit à distinguer, comme je l'évoquais plus haut, le « corps que l'on a » du « corps que l'on est ». C'est bien le « corps que l'on a » qu'il convient de cacher par respect de soi et de l'autre. Mais le « corps que l'on est » risque alors de disparaître dans cette occultation du corps vieux. Comment montrer la corporalité des hommes et des femmes âgés ? Comment montrer leur manière d'être dans leur corps, car avoir un corps vieux n'empêche pas d'être heureux dans son corps, d'éprouver des plaisirs à travers ce corps.

Il est heureux qu'aujourd'hui des associations comme Les Petits Frères des pauvres ou La Vie à domicile aient compris qu'il fallait agir sur l'image même de la vieillesse, pour changer les mentalités. Elles font appel à des photographes, tels que Hien Lam Duc, pour casser l'idée qu'il serait honteux de montrer la vieillesse. Il ne s'agit pas de l'idéaliser, mais de montrer ce qui est : un visage est toujours le reflet d'un état d'âme. Montrer la vieillesse, c'est montrer des personnes âgées qui sont habitées d'expériences et d'émotions. Il y a toute une profondeur de vie sur leur visage. On y lit leur vie affective, leur solitude, leur fatigue, mais aussi leur sérénité, leurs élans, leurs désirs. Car les désirs sont toujours là. Simplement, ils se sont transformés. La tendresse a pris le relais de la séduction.

L'intérêt des photos de Hien Lam Duc est qu'il montre combien la qualité de la relation que l'on établit avec une personne âgée se voit sur son visage, combien l'attention, le respect, la tendresse, transparaissent alors.

Un livre magnifique, illustré de cinquante photos en noir et blanc *Il n'y a que toi et les oiseaux*[1] célèbre la beauté de la vieillesse. Son auteur, Michel Bony, a vingt-deux ans. Il vit dans une chambre mansardée de huit mètres carrés au faubourg du Temple à Paris. Il va et vient de sa chambre à ses cours de théâtre, au cirque où il présente un spectacle. Sa voisine est une vieille femme alors âgée de quatre-vingt-douze ans, Yvonne, avec laquelle il noue une relation d'amitié rare.

1. Michel Bony, *Il n'y a que toi et les oiseaux,* Paris, Ramsay, 1998.

« Elle, Yvonne, avec ses quatre-vingt-douze ans, passait le plus clair de son temps dans la chambre à lire, à écrire, à écouter la radio, à préparer ses repas, mais surtout à rêver et à réciter, pour la beauté du texte, et pour continuer à exercer sa mémoire, une tirade de Corneille, un poème de Rimbaud, si ce n'était une prière au bon Dieu. Car toute croyante qu'elle était, elle avait depuis longtemps considéré que la maison de Dieu se trouve dans le cœur des hommes. »

Les photos de Michel Bony disent les rides, les cheveux blancs, l'usure, mais aussi la grandeur et l'humour d'une vieille dame très digne.

Il les engrange pendant les dix ans de leur amitié. Et puis un jour, en les montrant à des proches, il se rend compte qu'elles sont « le plus cinglant démenti à un de Gaulle ("La vieillesse est un naufrage"), à un Mauriac ("Il n'y a pas de beau vieillard") et à tous ceux qui s'apitoient, s'apeurent ou détournent la tête devant les trop anciens[1] ».

Le texte qui accompagne les photos dit la singularité de cette amitié qui a changé l'auteur en profondeur. « Aujourd'hui, je ne serais pas ce que je suis sans son écoute aimante et la façon qu'elle avait de dédramatiser les moindres situations. » Et puis « Yvonne avait un appétit de vie incroyable. Elle m'a appris l'Espoir. Grâce à elle, je n'ai plus le même rapport à la vieillesse, à commencer par la mienne ».

« Il ne nous suffisait plus de parler. Nous allions

1. Jean Théfaine, *Ouest-France,* 22-23 août 1998.

jusqu'à faire circuler un cahier de porte à porte sur lequel des écrits sur la mort, sur l'amour, sur l'humilité, venaient s'intercaler entre les articles de journaux et les recettes de cuisine. » Yvonne est décédée à cent ans.

Le jour où l'on pourra regarder des images de vieilles personnes avec émotion, s'identifier à elles sans réticence, se dire que l'on aimerait être comme elles, lorsqu'on sera vieux, ce jour-là, notre société aura fait un pas de géant.

« Doit-on avoir peur de la vieillesse ? » C'est la question que l'émission grand public, « L'Arène de France », pose ce soir à tout un panel représentatif des Français. 73 % répondent « oui ». L'émission se déroule en présence d'un « grand témoin », Éric-Emmanuel Schmitt. Il y a sur le plateau un ministre, une représentante du syndicat des maisons de retraite privées, un philosophe, une femme qui a éprouvé le besoin de se faire refaire entièrement le visage, une autre qui a accompagné chez elle sa vieille maman, atteinte de la maladie d'Alzheimer, avant de la confier à une maison de retraite, la mort dans l'âme, un polytechnicien obsédé par l'abolition de la vieillesse et persuadé que la science y parviendra, et puis Tsilla Chelton, une vieille dame de quatre-vingt-huit ans, comédienne, si lumineuse et si belle, qu'on ne voit plus qu'elle sur le plateau. C'est une émission où tout le monde parle à bâtons rompus, sans véritablement s'écouter. On se coupe la parole, c'est un véritable chahut que l'animateur Stéphane Bern a bien du mal à maîtriser.

Mais, ce soir, il se passe quelque chose. Je crois que notre pays a fait un bon en avant. D'abord, l'émission a le courage de montrer la vieillesse et de donner la parole à des vieux. Certes, il sont « en bonne santé, riches et célèbres », comme le fait remarquer un participant. C'est une remarque à prendre au sérieux. L'émission ne montre pas la mauvaise vieillesse. Elle est tout juste évoquée pudiquement à travers le témoignage bouleversant de cette femme qui a fini par placer sa mère dans une maison de retraite, et qui nous dit combien cet univers est triste, triste. Les visages changent sur le plateau. On sent que chacun s'imagine une seconde à la place de cette vieille femme, et ressent l'horreur de cette tristesse. Même la directrice d'une maison de retraite ne peut cacher son émotion. Mais le moment fort de l'émission, son tournant, pourrait-on dire, arrive au moment où Tsilla Chelton prend la parole. Son visage porte la marque du temps, son corps aussi. Elle ne les cache pas. Mais elle a quelque chose de lumineux, et cette présence rayonnante s'impose. La voilà qui s'adresse au public assis sur les bancs qui entourent l'arène : « Vieillir, c'est intéressant ! c'est intéressant ! » dit-elle avec force. « On est enfin libre ! On est débarrassé de toutes ces histoires de passion amoureuse qui prennent tant d'énergie ! » Roger Dadoun, âgé de quatre-vingt-dix ans, vient d'écrire un manifeste pour une « vieillesse ardente ». Il ne la contredira pas. Lui aussi fait l'éloge de la vieillesse. Tous les deux se demandent pourquoi, lorsqu'on les complimente, on leur dit : « Comme vous êtes jeunes ! »

Il serait plus juste de dire : « Comme vous êtes de beaux vieillards ! » On sent que le plateau est d'accord là-dessus : un homme, une femme, peuvent être beaux à tout âge. On cite Jean Marais, Danielle Darrieux. Un autre moment émouvant de l'émission s'impose lorsqu'un jeune étudiant de vingt ans raconte sa cohabitation avec une dame de quatre-vingt-dix ans qu'il trouve « passionnante ».

Tous ces témoignages ont-ils réussi à convaincre le public qu'il n'y a pas lieu d'avoir peur de vieillir ? Oui, ils ont réussi. Lorsqu'à la fin de l'émission Stéphane Bern pose à nouveau la question : Doit-on avoir peur de vieillir ? 63 % des gens répondent « non » !

Cette émission courageuse vient également nourrir ma conviction qu'il faut médiatiser davantage les expériences positives de la vieillesse. Nous avons eu, ce soir, la preuve que l'on peut changer le regard que l'on porte sur les personnes âgées et sur ce temps de la vie, qui nous fait si peur.

Questions autour du grand âge

Après cette émission, fortement impressionnée par le retournement d'opinion qui avait eu lieu sur le plateau de « L'Arène de France », j'ai décidé de reprendre les unes après les autres les peurs et les questions angoissantes qui m'avaient assaillie au début de mon enquête.

Nous, les jeunes seniors, avons encore des parents en vie, qui ont atteint le grand âge. Ils ne nous donnent pas toujours une image enviable de la grande vieillesse. Certains sont devenus dépendants ou déments. Il nous a fallu les placer, non sans chagrin, non sans culpabilité, dans des maisons de retraite ou des établissements spécialisés. Nous n'avons pas tous les moyens de leur permettre de vieillir chez eux avec une personne à demeure, ni la volonté de les prendre chez nous. Nous avons donc à accompagner nos parents avec cette interrogation chevillée en notre for intérieur : vieillirons-nous seuls, avec le sentiment d'être inutiles ? Serons-nous parqués, nous aussi, dans ces ghettos pour vieux que sont les maisons de retraite ? Terminerons-nous notre vie dans la nuit de la démence ?

Même s'il reste encore beaucoup à faire afin que les résidences pour personnes âgées dépendantes ou démentes soient de vrais lieux de vie, il existe déjà bien des modèles d'humanité dans ce domaine. Enfin, il faut le reconnaître, les instances dirigeantes sont conscientes de l'enjeu de santé publique que représente le vieillissement de la population. Elles ont annoncé bon nombre de plans, et il nous appartiendra de veiller à ce qu'ils soient suivis de mesures concrètes pour répondre aux craintes qui nous habitent.

Mais toutes ces initiatives, ces plans, ne seront efficaces que si notre génération, celle des cinquante-cinq à soixante-quinze ans, la génération pivot entre les aînés et les plus jeunes, prend conscience de l'enjeu majeur de la solidarité. Nous sommes le « maillon fort de la chaîne de solidarité en France », déclarait récemment un ministre[1]. À nous de développer toutes ces bonnes idées qui fleurissent un peu partout, ces « cafés des âges » qui permettent les rencontres entre générations, ces logements sociaux qui regroupent des couples jeunes avec enfants en bas âge et des retraités[2]. On sait à quel point les personnes âgées aiment le contact avec les tout-petits. J'en ai été convaincue le jour où j'ai vu une

1. Philippe Bas, ministre délégué à la Famille, 2005-2007.

2. Dans un quartier de la banlieue de Dijon, soixante-seize logements sociaux sont proposés à des personnes d'âges différents. Pour faciliter cette intégration, on a demandé à tous de signer la charte « Bonjour voisin ». Le but est de sortir de l'anonymat, d'apprendre à se connaître, se respecter, se rencontrer.

jeune femme apporter son bébé de six mois et le poser sur le lit de son grand-père, mourant à l'hôpital. J'ai vu le vieil homme au regard un peu perdu et triste se redresser, son visage s'éclairer d'un beau sourire et la joie le traverser.

Une amie américaine m'apprend qu'il existe un espace public situé dans un centre commercial aux États-Unis où les parents peuvent laisser leur bébé pendant qu'ils font leurs courses. Ce sont des personnes âgées volontaires, encadrées par une assistante maternelle agréée, qui viennent s'occuper des jeunes enfants[1]. On imagine le bien réciproque de tels contacts.

Je crois que nous mesurons mal tout ce que nous avons perdu avec les changements sociologiques des dernières décennies. Ces contacts entre grands-parents et petits-enfants se faisaient naturellement du temps des familles élargies, vivant sous le même toit. Faut-il être tombé bien bas sur l'échelle du cloisonnement des âges pour qu'il faille maintenant faire appel à une association pour établir des liens de cœur entre générations[2] !

Jérôme, un jeune étudiant de Sciences-Po, rencontré récemment chez des amis, m'a raconté qu'il vivait chez une vieille dame de quatre-vingt-cinq ans, dans un grand appartement du Quartier

1. Le *Project Caress* de Laura Huxley.

2. L'association Grands parrains et petits filleuls de Michelle Joyaux permet à des enfants sans grands-parents d'instaurer une relation affective avec des adultes ayant l'âge et le désir d'être pour eux des grands-pères et des grands-mères de cœur.

latin. Il a eu connaissance de l'opération « Un toit, deux générations », soutenue par les étudiants de son école, lesquels ont d'ailleurs rédigé la charte de convention d'hébergement, qui repose sur un engagement réciproque de discrétion, de respect, de confiance et de tolérance. Contre de la présence, et de menus services, comme de changer une ampoule cassée, de monter des bouteilles d'eau, il est donc confortablement logé dans une chambre avec salle de bains. Trois fois par semaine, il passe sa soirée avec cette vieille dame très cultivée, veuve d'un professeur de droit, mais très seule, car elle n'a pas d'enfants. Parfois, elle l'emmène au restaurant, mais le plus souvent ils dînent chez elle et écoutent de la musique ou regardent un film ensemble. Le fait de partager avec un jeune homme ces moments de détente la stimule. Elle se sent rajeunir. Quant à lui, il apprend beaucoup d'elle, car elle a beaucoup voyagé, et elle lui raconte avec humour les aventures qu'elle a vécues.

Nous avons peur de devenir transparents, de ne plus intéresser personne. « Ce que vous aviez de précieux et d'important à transmettre n'intéresse plus vos descendants. Quant à votre expérience, c'est bien simple, elle les fait *chier* ! écrit Benoîte Groult. Ils n'attendent plus de surprise de nous, sinon l'infarctus, la fracture du fémur, l'accident vasculaire cérébral ou la lente horreur de l'Alzheimer... Comment les surprendre[1] ? » se demande-t-elle.

1. *La Touche étoile, op. cit.*

C'est bien à notre génération de lutter contre cette mise à l'écart des aînés et de valoriser tout ce qu'ils peuvent nous apporter. Pourquoi ne pas s'inspirer de cette expérience américaine ? Dans certains quartiers de New York se mettent en place des « cercles des aînés » pour permettre à ceux qui souffrent de se sentir inutiles et seuls de transmettre aux générations plus jeunes un savoir sur la vie. Dans ces cercles, les personnes les plus âgées s'assoient en rond au centre et les plus jeunes en périphérie. Conformément à la tradition des Indiens d'Amérique, un bâton de parole est placé au centre. Les aînés peuvent, dès qu'ils le souhaitent, aller le chercher et revenir à leur place. Ils partagent alors leurs expériences et leurs réflexions avec le reste du groupe. S'élabore ainsi une sagesse collective à laquelle chacun apporte sa contribution.

Claudine Attia-Donfut est aussi à l'initiative d'un travail remarquable[1], mené en collaboration avec la Fondation nationale de gérontologie. L'on a proposé à des octogénaires et à des nonagénaires d'écrire des lettres à l'intention de leurs petits-enfants. Ces lettres de personnes réduites au silence par notre société constituent un document inédit. Presque toutes les lettres ont été rédigées par des femmes. Elles y parlent de leurs joies et de leurs souffrances, de la vie passée et de la vie présente. L'une d'elles m'a particulièrement touchée parce qu'elle s'adresse à la conscience de

1. *C'était hier et c'est demain. Lettres d'anciens jeunes à de futurs vieux,* Paris, Taillandier, mars 2005.

chacun d'entre nous. C'est une femme de quatre-vingt-dix ans qui écrit à « ses chers enfants » qui ont pris, à sa place, la décision de la mettre en maison de retraite. « Je voudrais dire aux familles : discutez avec vos parents. C'est leur vie que vous manipulez. Nous ne sommes pas des jouets. À notre âge, nous prenons tout à cœur, un rien nous fait du mal. Alors, s'il vous plaît, ne nous considérez pas comme des pantins dénués de sentiments dès que nous commençons à être encombrants. Parlez-nous. Laissez-nous être un peu acteurs de notre vie. Merci. »

Nous nous posons la question, angoissante entre toutes : que faire de nos vieux parents lorsqu'ils ne seront plus autonomes, lorsqu'ils ne pourront plus conduire leur voiture ou aller faire leurs courses ? Et nos enfants, que feront-ils de nous lorsque nous arriverons à ce stade ? Cette question nous inquiète. Car nous voudrions tous vieillir et mourir chez nous, dans le lieu où nous nous sentons bien. C'est là que nous avons nos habitudes, nos souvenirs. Nous y vivons à notre rythme. Nous pouvons recevoir qui nous voulons. Beaucoup d'entre nous préfèrent l'idée de vieillir chez soi, même au risque d'avoir un malaise ou un accident. Cependant, même avec toutes les aides à domicile qui existent aujourd'hui[1], même avec les progrès de la robotique et des disposi-

1. Le Plan solidarité grand âge prévoit d'augmenter de 40 % en cinq ans le nombre de places de soins infirmiers à domicile et de porter le nombre d'hospitalisations à domicile à 15 000 d'ici à 2010.

tifs pour détecter les chutes, les fuites de gaz et autres anomalies, il peut arriver que la perte de l'autonomie physique et parfois mentale rende la vie chez soi impossible.

Tous les témoignages sur le malheur éprouvé par ceux qui terminent leur vie dans une institution, la mauvaise réputation des maisons de retraite, ont contribué à un retour du balancier. Aujourd'hui, certaines familles n'hésitent plus à reprendre un parent âgé chez elles. On estime qu'une personne de plus de quatre-vingts ans sur cinq vit dans sa famille. Mais cette solidarité entre enfants et parents représente un effort[1]. C'est un choix qui implique de fortes contraintes et beaucoup de tendresse. C'est pourquoi il faut s'y préparer. Sinon la réalité prend vite le pas sur les bons sentiments. Avoir un parent âgé chez soi peut être tellement dévorant que cela peut devenir insupportable. Une certaine maltraitance – au sein des familles – trouve là son origine. Cette cohabitation avec un parent âgé est certainement possible, mais à deux conditions : être organisé et bien s'entendre avec son parent âgé.

Les pouvoirs publics sont de plus en plus conscients de la nécessité de soutenir ceux qu'on appelle les « aidants naturels ». Le financement

1. L'équivalent de 500 000 emplois à temps plein. Pour soutenir cet effort, l'ex-secrétaire d'État aux personnes âgées, Paulette Guinchard, a mis en place une allocation personnalisée d'autonomie (APA) et créé des centres locaux d'information et de coordination gérontologiques (CLIC) qui ont pour mission d'informer les personnes âgées et surtout leurs familles des possibilités de soutien financier et humain auxquelles elles peuvent avoir droit.

d'un congé de présence familiale, la création de structures d'accueil temporaire, le développement du bénévolat[1], sont des pistes intéressantes.

Mes amis belges Evence et Kathy Coppée, très investis dans le bénévolat d'accompagnement, se sont lancés dans une expérience intéressante, inspirée du Québec : le baluchonnage[2]. Ils partent l'un et l'autre, avec leur baluchon, s'installer quelques jours chez des familles qui ont un parent atteint de la maladie d'Alzheimer et qui ont besoin de prendre des vacances. Ils s'installent pour une semaine ou deux et s'occupent entièrement de la personne malade. Un journal de bord permet de partager au retour de la famille les événements quotidiens.

La personnalité du parent âgé que l'on accueille chez soi, sa capacité à bien vieillir, c'est-à-dire à accepter les pertes que lui inflige l'âge tout en développant ses qualités de cœur, à prendre de la hauteur chaque fois que des conflits, des jalousies ou tout simplement la lassitude polluent la situation, tout cela joue un rôle prépondérant dans la cohabitation.

Un couple de mes amis, Pierre et Georgina, a décidé, il y a deux ans, de prendre chez lui Chantal, la mère de Georgina. Plusieurs chutes, des

1. Le président Nicolas Sarkozy soutient une certaine valorisation du bénévolat : « Je suis favorable à la reconnaissance du bénévolat, par exemple dix ans de bénévolat pourraient donner droit à une année de retraite anticipée », a-t-il déclaré à l'occasion de la visite d'un établissement gériatrique à Dax, le 31 juillet 2007.

2. Créé par l'association de Marie Gendron, Le Baluchon.

pertes de mémoire, des difficultés à faire ses courses, ont marqué un début de dépendance. Le couple a bien réfléchi. La relation entre la mère et la fille était forte. La disponibilité de la retraite, la taille de la maison, permettaient de se lancer dans cette aventure, du moins de la tenter. « Je m'en serais voulu de ne pas essayer », m'a confié Georgina.

Chantal s'est donc installée. Pour elle non plus, ce n'était pas facile de quitter son chez-soi et d'atterrir chez sa fille. Elle n'était plus chez elle. Elle éprouvait des sentiments contradictoires : un bien-être de se sentir en sécurité, dans une intimité qu'elle aime avec sa fille et son gendre qu'elle apprécie, mais aussi une angoisse devant l'avenir. Comment la situation allait-elle évoluer dans le temps, avec une perte de plus en plus grande de son autonomie ? Elle pressentait que peu à peu les actes de la vie courante allaient lui échapper : la gestion de ses affaires, de son compte bancaire. Comment sa fille allait-elle vivre cette inversion des rôles lorsqu'elle deviendrait en quelque sorte la fille de sa fille ? Comment Pierre allait-il supporter cette intrusion permanente d'un tiers dans leur vie de couple ? Comment feront-ils pour accepter sans acrimonie de ne plus avoir de « week-ends », de vacances, d'être obligés de se lever la nuit pour s'occuper d'elle ?

Georgina et Pierre, conscients des difficultés qui pouvaient se présenter, ont néanmoins choisi de vivre le présent. Quelle sagesse ! Pour le moment, ce bouleversement de leur vie est largement compensé par la richesse des échanges avec Chantal. Celle-ci est une femme douce et patiente. Elle a le don de savoir recevoir, et c'est un plaisir de s'occuper d'elle. Elle a l'air si heureuse de toutes les attentions que lui manifeste le couple ! Elle use avec bonheur de ses sourires et de ses baisers. Elle se fait légère, consciente du poids qu'elle représente.

Un jour, il faudra sans doute prendre la décision d'un placement dans une institution, ce n'est pas exclu, et ils en ont parlé avec Chantal. Mais, pour l'instant, ils engrangent les bons moments.

Nous mesurons, en écoutant ce témoignage, combien cette cohabitation peut être une expérience riche d'humanité, mais cela a un prix. Cela demande beaucoup d'efforts et d'amour.

Entre une vieillesse chez soi qui se révèle difficile et la maison de retraite, redoutée au plus haut point, car vécue par beaucoup comme une entrée en prison, une solution intermédiaire se développe, celle des foyers-logements. Ces derniers concilient le respect d'un espace à soi, d'une chambre où l'on peut avoir ses meubles, vivre à son rythme, aller, venir, tout en bénéficiant d'un espace commun si l'on veut prendre ses repas avec d'autres ou participer à des activités de groupe.

Un projet de foyer-logement pour femmes retraitées vient de se créer à Montreuil, et l'expérience mérite d'être contée. Trois septuagénaires y ont travaillé pendant dix ans.

La Maison des babayagas – en référence aux

grands-mères russes – héberge dix-sept femmes de plus de soixante ans, veuves, célibataires ou divorcées. Chacune dispose d'un studio de trente-cinq mètres carrés, aux conditions du logement social. Le rez-de-chaussée comprend des parties communes dédiées aux animations culturelles ou sociales et aux activités collectives. Une piscine est prévue au sous-sol. Il s'agit d'une résidence autogérée, autonome. C'est-à-dire qu'elle fonctionne avec un minimum d'aide extérieure, même médicale et ménagère, propose sans l'imposer une vie collective et des activités avec l'extérieur, et divise certains frais pour compenser les retraites réduites de femmes qui ont dû faire passer les enfants avant le travail. « Une anti-maison de retraite... un vrai rempart contre le repli[1]. »

Voilà un beau projet de femmes qui veulent rester libres, ne pas peser sur leurs proches et surtout ne pas être infantilisées, des femmes qui veulent lutter contre l'isolement, créer un environnement amical et engagé. Les hommes peuvent leur rendre visite, mais pas vivre là.

Les babayagas se méfient du pouvoir médical et de la pathologisation de la vieillesse. Elles pensent que « les maladies des vieux sont souvent des maladies de l'ennui et de l'isolement ».

La limite de leur projet est qu'il n'est pas conçu pour héberger des personnes dépendantes ou atteintes d'une maladie dégénérative avancée. Si l'une des babayagas se détériore à ce point,

1. « Les babayagas militantes du bien vieillir », *La Croix*, 29 avril 2005.

elle devra être transférée dans un lieu médicalisé. Mais dans la mesure du possible il est prévu que les femmes valides prennent en charge les handicaps des autres. Car la valeur qui est censée réunir ces retraitées est la solidarité.

Pour parer aux inévitables conflits que connaissent toutes les communautés, les fondatrices, Thérèse, Suzanne et Monique, ont pensé à la présence régulière d'une médiatrice. « Ce projet demande une grande exigence de chacune. Il faut bien articuler ce qui est de l'ordre du collectif et ce qui appartient à l'intime. »

L'ambition de cette « utopie réaliste » est de s'intégrer dans un mouvement du grand âge qui bouscule la vieille Europe. Elle voudrait inspirer d'autres projets ailleurs.

Une bonne partie de ce livre a été écrite dans la petite maison que j'ai fait construire sur l'île d'Yeu. Au cours d'un dîner avec des amis, nous avons parlé de notre vieillesse et du lieu où nous aimerions vieillir. Aucun de ceux qui ont participé à ce dîner ne voulait terminer sa vie dans une maison de retraite. J'ai vérifié une fois de plus l'horreur que cette pensée suscite parmi les hommes et les femmes de ma génération.

« Il faudrait que nous inventions quelque chose comme un béguinage, ai-je suggéré. Au Moyen Âge, en Belgique, des veuves se rassemblaient par huit, pour former une petite communauté de personnes vieillissantes, décidées à s'entraider dans cette dernière phase de la vie. Elles habitaient seules, dans de petites maisons collées les unes aux autres, autour d'une église et d'un jardin. Il s'agissait de vivre ensemble, tout en respectant la liberté de chacune, dans un engagement de solidarité et de partage. À l'époque, le partage se faisait autour du jardinage et des liturgies religieuses. Lorsque l'une d'elles mourait, les autres l'accompagnaient. Puis elles cooptaient une nouvelle béguine. Puisque nous aimons tellement cette île, que nous avons la chance pour certains d'y avoir un toit, et que nos maisons sont si proches les unes des autres, pourquoi ne formerions-nous pas un béguinage moderne, un béguinage mixte, évidemment ? Chacun vivrait chez lui, aurait sa liberté, mais nous inventerions des activités communes, marcher autour de l'île, jardiner ensemble, et pourquoi pas nous retrouver régulièrement autour d'une pratique spirituelle, comme la méditation, ou la contemplation. Et si l'un de nous tombe malade ou même devient dépendant, nous pourrions nous relayer auprès de lui pour qu'il puisse rester chez lui au lieu d'aller dans une résidence pour personnes âgées. Il y aurait un contrat de solidarité entre nous. »

S'ensuivit une discussion très animée. Certains n'imaginaient pas vieillir sur l'île. Ils voulaient voyager *ad vitam aeternam,* sillonner les routes du monde. Surtout ne pas se sédentariser. Une voix s'est élevée pour citer le poème de Baudelaire, *Le Voyage,* qui nous conduit de l'immensité de l'espace de l'enfant à l'espace rétréci du vieillard : « Une oasis d'horreur dans un désert d'ennui ». L'homme se demandait si l'île ne deviendrait pas cette oasis d'horreur dès lors qu'il déciderait d'y rester pour toujours.

« Mais que feras-tu le jour où tu ne pourras plus voyager ? lui a-t-on rétorqué. Il faudra bien que tu te poses quelque part. Alors où ? » À la fin du dîner, la plupart des amis réunis ce soir-là s'étaient ralliés à l'idée d'un béguinage d'un nouveau type. Il est vrai que le projet de rester chez soi, en construisant au fil des années une chaîne de solidarité suffisamment forte pour s'épauler les uns les autres, en cas de dépendance, et même de démence, est un projet qui tient la route. Il n'y a aucune implication financière ni juridique, tout repose sur un contrat moral.

Notre hôte se demande alors si l'amitié de vacances qui nous lie aujourd'hui serait assez forte et durable pour résister au temps, au vieillissement des uns et des autres. On évoque les changements de caractère et d'humeur des vieillards qui deviennent parfois insupportables. Comment être sûrs que nous préserverons notre personnalité ? Il faudrait, effectivement, que le lien spirituel soit très fort entre nous. Les béguines du Moyen Âge se retrouvaient autour d'une pratique religieuse. Ce n'est pas notre cas. Certains d'entre nous croient en Dieu, d'autres non, certains prient, d'autres non. Qu'avons-nous en commun sur le plan spirituel ? Des valeurs humanistes de respect, d'attention à l'autre, de solidarité, un goût certain pour la nature, une capacité commune à nous émerveiller devant l'infinie diversité des ciels, un goût du silence, et surtout la certitude qu'au fond l'essentiel est d'aimer. N'est-ce pas suffisant comme bagage spirituel ?

La question est restée ouverte. Elle fait son chemin. Elle nous paraît en tout cas préférable à ces ghettos pour vieux que sont les maisons de retraite actuelles. Pourtant un jour, peut-être, devrons-nous nous résoudre à placer un de nos proches dans une institution. Peut-être nos enfants n'auront-ils pas d'autre choix, en ce qui nous concerne ?

Patrick Dewavrin, directeur médical d'établissements pour personnes atteintes de la maladie d'Alzheimer, est allé étudier les conditions d'implantation éventuelle de maisons de retraite au Maroc. Pourquoi ? Nombre de personnes pourraient vivre leur retraite confortablement dans un pays où le coût de la vie est moins cher, et où il n'y a aucune difficulté à trouver du personnel compétent, disponible, humain, chaleureux. Mais cela lui pose, m'a-t-il dit, un problème éthique : est-ce une bonne chose d'exporter nos vieux, de les envoyer vivre loin de chez eux, de leur pays, de leurs enfants ?

C'est pourtant ce que l'on fait au Japon où l'on envisage d'exporter les vieillards vers des « réserves » achetées sur la côte est de l'Afrique. C'est ce que l'on fait également aux États-Unis, où l'on construit des centaines d'hospices communautaires de luxe. Suncity, en Arizona, est un lotissement fermé, avec des quartiers sécurisés. L'avantage est que les seniors s'y sentent protégés contre les agressions extérieures et que la ville offre aussi toutes sortes de services pour ceux qui deviennent dépendants. Mais l'inconvénient est qu'ils sont coupés du monde.

Patrick se demande si, malgré le soleil, le climat plus agréable, la gentillesse des Marocains, les personnes âgées qui iront vivre dans ces maisons de retraite ne souffriront pas d'un déracinement plus profond que celui qu'elles vivent déjà en France ? En s'expatriant, la coupure avec leurs enfants ne sera-t-elle pas consommée ? En l'écoutant, je ne peux m'empêcher de penser à cette phrase de Hasan II : « Le jour où, au Maroc, on posera la première pierre de la première maison de retraite, il faudra préparer la tombe du Maroc, car, ce jour-là, notre pays aura abandonné sa famille, et le jour où un pays abandonne sa famille, il se condamne définitivement[1]. »

On mesure là le fossé qui sépare nos pays riches où les vieux n'ont plus leur place, des pays du Maghreb, d'Afrique ou d'Asie, où une telle mise à l'écart est impensable.

J'ai réfléchi, moi aussi, à cette éventualité pour moi-même. J'aimerais alors que mes enfants m'aident à choisir une bonne maison, confortable, gaie, avec un personnel humain, que nous prenions le temps d'en visiter plusieurs. Je sais qu'aujourd'hui ce choix est possible. Le premier guide[2] de maisons pour personnes âgées a fait

1. Cité dans *La Une*, n° 9, juillet 1997.

2. *Le Guide vermeil – les meilleures maisons pour personnes âgées dépendantes*, Paris, Éditions Seniorlifestyle, 2004.

son apparition, dans un marché jusque-là très opaque. On peut comparer les services et les prix.

Ensuite, j'aimerais avoir le temps de me préparer à ce dernier déménagement. Le pire, me semble-t-il, est d'entrer contre son gré dans une maison de retraite, que l'on n'a pas choisie. Une acceptation intérieure doit se faire et elle demande du temps. Accepter de ne plus être autonome, sans se sentir diminué pour autant, accepter de confier son corps aux mains des autres avec reconnaissance. J'ai trop observé combien ceux qui savent le faire avec grâce, sans se sentir gênés ou humiliés, aident les soignants à prendre soin d'eux avec respect et attention. La grâce, la gratitude et l'humour sont les meilleures garanties d'une adaptation réussie.

J'aimerais, le jour, venu me souvenir de cette parole de Ram Dass, qui m'a tant fait rire : « J'ai appris à aimer mon fauteuil roulant (que je surnomme "ma gondole") et à apprécier d'être poussé par des personnes attentionnées. On transportait bien les empereurs chinois et les maharajas indiens sur des palanquins ! Dans d'autres cultures, être porté et poussé est un signe d'honneur et de puissance ! »

Enfin, je relirais deux ouvrages qui m'aideront, je le pense, à me souvenir que la liberté de l'homme est si grande qu'il peut tout transformer. Comme le dit si bien le philosophe Robert Misrahi, l'homme âgé qui ne peut plus se déplacer, assigné à résidence dans un espace restreint, cloué au lit ou au fauteuil peut faire de cet espace matériellement appauvri un espace « poétiquement transfiguré ».

Le premier est un ouvrage que j'ai moi-même traduit de l'américain et préfacé en 1998[1]. Il s'agit de l'itinéraire d'un vieux professeur d'université atteint de la maladie de Charcot qui le paralyse progressivement. Devant ce rétrécissement inéluctable et douloureux de son espace, le vieil homme a appris à le dilater, c'est-à-dire à percevoir finement tout ce qui se trouve au-delà de lui, dans un mouvement que Merleau-Ponty qualifiait de « prolongement miraculeux du corps ». Ainsi, tout en restant immobile dans son lit, le voilà qui expérimente sa faculté de sentir au-delà de lui-même, faculté que les Grecs nommaient l'*hapsis*. Il « sent » l'arbre qu'il voit par la fenêtre de sa chambre. Il l'apprécie. Il « est » dans sa ramure, il « sent » le vent qui la caresse. Ainsi, tout en se paralysant peu à peu, il expérimente une forme de liberté joyeuse.

Confronté à sa dépendance quasi totale, le pire des maux dans un monde qui valorise la maîtrise et le contrôle, le vieil homme apprend, dit-il, à « l'aimer » en retrouvant ce temps ancien où il aimait que l'on s'occupe entièrement de lui, et qu'il n'a jamais tout à fait oublié.

« J'ai commencé à aimer ma dépendance, avoue le vieil homme. Maintenant, j'aime qu'on me tourne sur le côté et qu'on me frotte le derrière avec de la crème pour m'éviter les escarres. J'aime qu'on m'essuie le front ou qu'on me masse

1. Mitch Albon, *La Dernière Leçon*, *op. cit.*

les jambes. Je me délecte. Je ferme les yeux et je profite de chaque instant. Cela me semble familier. C'est comme retourner en enfance. Quelqu'un vous donne votre bain, quelqu'un vous porte. Quelqu'un vous essuie. Nous savons tous comment faire pour être un enfant. C'est inscrit à l'intérieur de nous. En ce qui me concerne, il s'agit simplement de retrouver le plaisir que j'avais enfant. Quand nos mères nous portaient dans leurs bras, nous berçaient, nous caressaient la tête, la vérité est que nous n'en avions jamais assez. »

Le vieux professeur nous propose ici un point de vue tout à fait original sur la dépendance et cette liberté que nous avons de faire d'un espace rétréci, appauvri, « un espace poétiquement transfiguré ».

Le deuxième livre que j'emporterais avec moi est le *Cahier de Marie*[1], journal d'une vieille femme au cœur tendre et au regard aigu, qui vient d'entrer dans une maison de retraite. Elle brosse les portraits de ses nouvelles amies, de ses voisins, du personnel. En écrivant, chaque dimanche soir, après le repas, elle a transformé le silence couvre-feu en « calme bienveillant ».

Loin de se replier sur elle-même, Marie observe, écoute, essaie de comprendre les autres. On réalise alors, en lisant sa chronique, que toute une vie se déploie, intérieure et extérieure. Elle essaie

1. Danielle Thiébaud, *Le Cahier de Marie*, Laval, Siloë, 2004.

ainsi de partager l'univers des plus désorientés. Tel, Hubert, un pauvre vieux qui se balance en répétant : « Nichons, nichons. » « Après la sieste, je vais donc m'asseoir près d'Hubert. La semaine dernière, je me suis assise en face de lui et je me suis balancée, comme lui. Il s'est arrêté ; moi aussi. On s'est regardés. Et là, si je n'avais pas peur des grands mots, je dirais qu'il y a eu rencontre d'âmes. »

Marie a une façon merveilleuse de regarder les choses et les êtres autour d'elle, dans cette résidence. Un regard plein de vie, d'humour et de tendresse. Toujours soucieuse des autres, elle participe à tout, à l'atelier poterie, aux fêtes, avec bonne humeur. Elle ne se plaint plus des rythmes imposés du lever, de la toilette, des repas, des animations, car elle a redécouvert le temps de l'enfance. « L'important n'est plus de courir pour faire quelque chose mais de s'arrêter pour rêver, regarder le ciel, discuter avec une voisine. C'est respirer l'odeur du café qui s'insinue dans celle du désinfectant, sentir son corps, échanger avec les yeux. » Pourtant elle n'est pas tendre avec l'hypocrisie, les non-dits, la façon de cacher la mort lorsqu'elle enlève l'un ou l'autre pensionnaire, l'absence de rituels d'adieu.

Le plus touchant dans la chronique de Marie, c'est le « grand ménage » qu'elle fait en elle, doucement, au rythme des souvenirs qui reviennent, les peines qu'il faut libérer, le pardon qu'il faut s'accorder. « C'est dur de se pardonner à soi-même... Quand je pense à tous ces gens à qui j'ai fait de la peine, que j'ai blessés, parfois même sans m'en rendre compte, maintenant que je suis vieille, je me rends compte combien la délicatesse est importante. J'aimerais savoir si d'autres que moi ressentent la même chose. » Maintenant qu'elle est vieille, Marie aimerait trouver des gens qui l'aident à réfléchir, qui la guident.

Et puis il y a ces vagues de gratitude qui montent en elle. L'envie de dire merci à tous ceux qu'elle a aimés, à ceux qu'elle a rencontrés, pour ces mille et une petites choses qui ont marqué sa vie.

On se rend compte que tout dépend du regard que l'on pose sur la vie. La maison de retraite, cela peut être l'horreur, une vie concentrationnaire. Si on la subit, si on se ferme, on peut avoir le sentiment d'être dans un lieu où tout est mort, mais si on a le cœur ouvert, comme Marie, tout peut être occasion d'échange, de tendresse, de vie.

Ainsi, je lis ce passage émouvant : « Nathalie est entrée. Elle est venue vers moi et a murmuré : "Bonjour, madame T., et bon anniversaire : c'est votre anniversaire, aujourd'hui. Il fait un temps superbe." Elle a entrouvert les volets. "C'est vraiment une belle journée d'été." Nathalie s'est assise auprès de moi. Elle m'a demandé : "Qu'est-ce qui vous ferait plaisir?" J'ai répondu : "Que vous me disiez : 'Bon anniversaire, ma petite Marie.'" Alors elle a fait une chose magnifique. Elle m'a prise dans ses bras et m'a caressé le front. "Bon anniversaire, ma petite Marie." Et moi j'ai libéré dans un sanglot la pierre qui m'écrasait le cœur et senti les mains usées de maman qui caressaient mon visage. »

Marie revit des souvenirs heureux qu'elle savoure. « Je les revis, puis je passe à autre chose. Je vais me promener, je m'assieds dans le hall, je descends dans la salle d'animation. Je regarde, j'écoute; mon cœur bat. Il me semble que j'apprends à vivre. Il est temps car je suis assez vieille pour en finir... et assez jeune pour commencer. Si je racontais cela, on me traiterait de folle. Parce que je deviens sage? »

« L'essentiel pour une bougie n'est pas l'endroit où elle est posée; c'est la lumière qu'elle irradie jusqu'au bout », conclut-elle. Si nous sommes devenus des vieillards rayonnants, peu importe finalement le lieu où nous terminerons notre vie.

Je suis allée passer une journée dans une des Villas Épidaure, une belle maison de La Celle-Saint-Cloud, qui abrite quatre-vingt-quatre patients atteints de la maladie d'Alzheimer. L'architecture a été pensée pour ne pas donner l'impression d'un gros établissement, mais plutôt d'une pension de famille, avec ses sept unités de douze patients qui ressemblent à de petits kibboutz, chacun étant sous la responsabilité d'une maîtresse de maison.

La philosophie de l'établissement est profondément humaniste. Une réflexion constante anime les équipes pour respecter la dignité des résidents et rester à l'écoute des familles. Car ce sont elles qui souffrent le plus. J'ai assisté à l'un des groupes de parole dans lesquels les proches viennent exprimer leurs difficultés et leurs sentiments. Ceux-ci deviennent douloureux lorsque leur proche entre dans la phase finale de la maladie, qui dure parfois très longtemps. Ceux parmi les lecteurs qui ont vécu cette situation, savent ce que l'on éprouve au fil des visites face à un parent qui ne vous reconnaît plus du tout. Cela devient irréel. Et quand la situation se prolonge, l'on se pose mille questions. Quel sens cela a-t-il ? Pourquoi maintenir en vie une personne avec laquelle il n'y a plus de communication possible ? Certaines familles sont écrasées par le coût de cette prise en charge. Elles deviennent agressives. On est en face de problèmes éthiques d'une gravité particulière. Car sans doute 90 % des patients n'auraient pas souhaité vivre cela. Depuis le vote de la loi « Droits des malades et fin de vie », qui institue le droit de respecter le refus de traitement et condamne l'obstination déraisonnable, certaines décisions semblent délicates à prendre : doit-on donner un antibiotique quand une personne, arrivée au stade 3 de la maladie, fait une pneumonie ? Doit-on nourrir par sonde gastrique une personne qui refuse de s'alimenter ?

La limitation ou l'arrêt des traitements posent toujours la question de savoir si l'on agit de manière juste. Les familles, comme les soignants, ont des attitudes ambivalentes. Cela met en lumière les dissensions, les disharmonies. Les enfants qui ont eu une bonne relation avec leur parent acceptent plus facilement son déclin et sa fin. Ce n'est pas le cas de ceux qui ont eu une relation tourmentée.

De récentes dispositions législatives obligent

maintenant les équipes à une réflexion nouvelle sur ce que l'on appelle désormais le « laisser mourir ». Une attitude qui ne va pas de soi pour les soignants, lorsqu'ils se sont attachés à un patient, comme c'est souvent le cas.

Je rencontre l'épouse d'un patient arrivé au dernier stade d'Alzheimer. Avec beaucoup de pudeur, elle me raconte l'évolution de la maladie de son mari. Le silence poignant avec lequel il a accueilli le diagnostic, puis les sautes d'humeur et d'agressivité témoignant de son mal-être. Bien qu'ils soient si proches, elle et lui, il ne lui a jamais fait part de son tourment. Lorsque le psychiatre qui le suivait lui a expliqué qu'il fallait envisager un transfert dans un institut spécialisé, il a fermé les yeux et ne les a pas rouverts avant son départ. Ensuite, il semble s'être emmuré. « Il n'a jamais demandé à revoir la maison. » Pour elle, cette séparation a été très dure. Ils ne s'étaient jamais quittés. Au début, elle est venue tous les jours le voir, ils écoutaient de la musique, elle l'emmenait se promener. Et puis une tendinite l'a obligée à ralentir ses visites. Maintenant, elle pense qu'il ne la reconnaît plus, mais sa sensibilité est toujours aussi vive. Il a parfois des larmes dans les yeux lorsqu'il écoute de la musique. Elle continue de venir par fidélité. Ce qui la rassure, c'est que, dès le début de son installation à la Villa Épidaure, il s'est laissé soigner avec confiance. Des milliers de personnes souffrent, comme cette femme, d'assister impuissantes au déclin d'un être aimé. Et pourtant, jusqu'au bout, elles l'accompagnent.

Parmi les peurs que j'évoquais, au début de

cet ouvrage, la peur la plus répandue est celle de finir sa vie dans la démence et d'imposer le poids de cette maladie à son entourage. Chacun d'entre nous souhaite évidemment être épargné. J'ai, cependant, médité personnellement sur ce qui pourrait m'aider à assumer cette maladie, si moi-même ou un de mes proches, en étions atteints un jour. Il me semble que savoir qu'il existe des établissements humains, comme celui que je viens d'évoquer, est une pensée qui me fait du bien.

Le documentaire de Laurence Serfaty, *Alzheimer jusqu'au bout de la vie,* tourné au Québec, relate la vie quotidienne dans un lieu de vie pilote, la maison Carpe Diem. Voilà des images qui modifient notre regard si pessimiste sur cette maladie. Les soignants s'attachent à voir chez les personnes qui s'enfoncent progressivement dans la nuit « ce qui fonctionne encore ». On sent qu'ils aiment leurs patients, refusent toute prise en charge standardisée pour s'adapter à chaque personne. C'est ainsi que l'on acquiert, en voyant ce film, la conviction que l'on peut terminer sa vie en conservant sa dignité et son intégrité, même si l'on est atteint par cette maladie qui fait si peur. Conviction que l'on peut communiquer avec un dément, si on maintient un lien avec lui. Encore faut-il être convaincu que cela en vaut la peine parce que celui-ci demeure bien « une personne et non le reste d'un humain déchu et définitivement injoignable ».

Ces témoignages apaisent donc mes propres peurs de devoir un jour emmener l'un des miens dans une institution de ce type. Comme le dit si bien Christian Bobin : « La maladie d'Alzheimer enlève ce que l'éducation a mis dans la personne et fait remonter le cœur en surface. C'est par les yeux qu'ils disent les choses et ce que j'y lis m'éclaire mieux que les livres... Je ramène de la maison de long séjour un besoin de toucher, ne serait-ce que furtivement, l'épaule de ceux que je rencontre et une méfiance accrue des beaux discours. »

Peut-on mieux dire que même les plus vulnérables de nos âgés ont quelque chose à nous transmettre ? Si tel est le cas, il nous faut essayer de lutter contre la pensée si répandue que les personnes démentes n'auraient plus rien à apporter et que leur vie, dans ces conditions, n'en serait plus une.

L'idée que, même démente, je pourrais encore apporter quelque chose à mes proches, est la deuxième pensée qui m'aide à envisager le pire.

J'ai reçu récemment le témoignage d'une femme de mon âge qui dit avoir trouvé un sens à la maladie de sa mère. Celle-ci vient combler, dit-elle, un manque très ancien. « J'ai enfin la possibilité de la câliner, de la prendre dans mes bras et de lui témoigner mon affection. Elle me permet de lui exprimer ce que je n'ai jamais pu faire, car, avant sa maladie, elle était froide et rejetante. »

La maladie d'Alzheimer reste un mystère. Des théories circulent sur les causes environnementales de la maladie. La solitude, par exemple, puisqu'une étude américaine a montré qu'une personne âgée seule avait deux fois plus de chances d'entrer dans cette maladie. Les associations de familles des malades Alzheimer se sentent agressées par cette hypothèse. Elles préfèrent l'hypothèse de la biogenèse. Cela n'engage pas leur culpabilité. Je pense qu'il faut éviter d'être manichéen. C'est certainement une maladie multifactorielle, et d'autres théories, plus confidentielles il est vrai, circulent sur des causes psychologiques ou événementielles. Le psychiatre Jean Maisondieu n'hésite pas à envisager que cette maladie puisse être « un cri, un refus, une sorte de suicide social et intellectuel ». Pourquoi cette personne a-t-elle décidé d'être morte avant de mourir ? De se retirer de la scène ? Pour ne pas être témoin de son propre vieillissement, témoin de sa propre mort, suggère-t-il.

Aude Zeller[1], psychothérapeute, a publié un livre sur les six années de déclin de sa mère. Ecrire sur la dégénérescence physique et mentale des personnes atteintes par la maladie d'Alzheimer est relativement rare. C'est un sujet tabou. Mais le regard qu'Aude Zeller pose sur cette réalité douloureuse est si profond et si neuf qu'il mérite d'être évoqué ici. La démence sénile ne serait pas seulement une simple destruction des capacités mentales et psychiques d'un individu. Ce qui apparaît de l'extérieur comme une régression pourrait être aussi l'occasion d'une lente et dernière transformation.

Voilà une thèse originale, une thèse qui peut

1. Aude Zeller, *À l'épreuve de la vieillesse,* Paris, Desclée de Brouwer, 2003.

nous être d'un grand secours. Lorsque la dégénérescence fait régresser le vieillard déficient à un état de dépendance semblable à celle du tout petit enfant, cela lui permet de réintégrer une organisation mentale dans laquelle la peur de la mort n'avait encore aucune existence. C'est alors une façon de se préparer à la mort. Le comprendre peut permettre à l'entourage d'accompagner cette régression potentiellement porteuse de sens, au-delà de l'absurde.

Nous suivons donc le récit de cette chute vertigineuse dans la démence, de ce que Denyse appelle son « dégrappillage », qualifiant ainsi son sentiment de perte progressive et implacable de tout ce qui avait contribué à son identité de femme. Perte de la vue, de l'ouïe, de la parole, mais aussi de la motricité de ses mains et donc de son autonomie. « Quand on ne peut plus saisir un verre pour boire ni une fourchette pour manger, ni se gratter le nez pour le plaisir, le rapport à son corps s'abîme dans le marécage boueux et gluant de la dépendance totale. » Perte de son pouvoir sur les autres, perte de toute maîtrise de soi et remontées sauvages de propos agressifs, orduriers parfois, la plupart du temps délirants. Retour du refoulé, c'est ainsi qu'Aude Zeller baptise ces débordements parmi lesquels il lui est bien difficile de reconnaître sa mère.

Pourtant, elle essaie de comprendre ce qui se joue. Sa mère ne s'est pas sentie autorisée à déployer ses désirs secrets. Il y a toute une vitalité sexuelle qui a été mise sous le boisseau, et elle tente maintenant de se libérer de ses anciennes entraves morales. « Ses bouffées de délire s'échappaient sur le vaste thème des préjudices faits à sa sensibilité de femme. Il avait donc un sens malgré ses effets douloureux. Il était sain de ne pas le contrer mais de se mettre à l'écoute. »

Malgré les apparences, nous dit Aude, la personne démente a une certaine conscience diffuse de la distorsion de la réalité qu'elle opère. Ce serait une tromperie majeure et irrespectueuse que de se comporter comme si de rien n'était. Car les divagations représentent « une tentative désespérée vers l'ample, le vaste, le large » dont la personne démente se sent écartée par les pénalités de la vieillesse.

Mais nous découvrons que, lorsqu'on a presque tout perdu, il reste encore l'essentiel. « Un an et demi avant sa mort, alors que je venais de lui lire un psaume dans sa bible et que nous appelions ensemble la bénédiction de Dieu conformément à ses anciennes habitudes et à sa vie spirituelle, levant ses yeux pleins d'ailleurs elle me répondit à mon grand étonnement... "Ça, on ne me l'a pas encore dégrappillé." »

Beaucoup de mes collègues psychothérapeutes partent de cette hypothèse que la maladie d'Alzheimer serait une façon progressive de s'absenter de la vie, pour ne pas avoir à affronter l'approche de la mort.

Une histoire vient appuyer cette hypothèse. L'homme qui me l'a racontée a près de soixante ans. Il vit à Madagascar et, tous les six mois, il vient en France pour voir ses enfants, et surtout son vieux père hospitalisé dans un établissement pour personnes atteintes de la maladie d'Alzheimer. Son père est arrivé au stade ultime de la maladie, il ne reconnaît plus son fils. Celui-ci, à bout de ressources, lui dit juste avant Noël : « Papa, pourquoi es-tu encore là ? Qu'est-ce que tu fais encore dans cette vie ? » Cela n'a pas été facile pour lui de lui poser cette question, tant il est tabou d'aborder la question de la mort. C'est alors que son père le regarde droit dans les yeux et lui répond : « Ce n'est pas facile de faire le pas ! » À question claire, réponse claire.

J'ai toujours pensé que si les proches des personnes démentes leur parlaient vrai, ils obtiendraient des réponses qui montrent que toute conscience n'est pas éteinte.

En ce qui me concerne, j'ai demandé à mes enfants, s'il m'arrivait de sombrer dans la démence, de respecter ma volonté de ne pas être maintenue en vie au-delà du stade où je ne les reconnaîtrais plus. Je leur ai demandé de me parler vrai, en s'adressant à moi comme si j'étais sensée, comme l'a fait mon ami de Madagascar. Car je suis intimement convaincue que « quelque chose » en moi, sans doute très enfoui dans l'inconscient, entendra néanmoins ce qu'ils me diront. Je suis rassurée à la pensée que la loi « Droits des malades et fin de vie » renforce mon droit à refuser des traitements qui me forceraient à vivre, et demande aux médecins de tenir compte de mes directives anticipées.

Si toutes ces conditions étaient réunies : un établissement humain, des enfants qui me parlent un langage de vérité, des médecins qui respectent mon souhait de ne pas continuer à vivre au-delà d'un certain stade, il me semble alors que la perspective de devoir terminer ma vie atteinte de la maladie d'Alzheimer est moins pénible. Elle l'est encore moins si, comme je le pressens, le processus d'accomplissement de soi se poursuit dans les profondeurs de mon être.

Nous venons de le constater à travers ces témoignages : quel que soit le lieu où nous terminerons notre vie, la dimension humaine peut être présente. C'est elle qu'il faut que nous défendions, dans un monde parfois trop technique, où l'on oublie que l'on a affaire à des personnes. Nous avons toutes les raisons de penser que cette humanité et cette dignité que nous souhaitons pour nous-mêmes, comme pour nos proches, iront grandissant. Car les pouvoirs publics ont pris la mesure du phénomène de la maltraitance[1] et bon nombre d'institutions n'ont pas attendu ce plan pour humaniser la fin de vie des personnes âgées qui leur sont confiées. Nous l'avons vu avec l'exemple de la Villa Épidaure, mais j'ai pu le constater maintes fois, lors du tour de France des régions que j'ai eu le bonheur d'effectuer dans le

1. Un plan « bien traitance » a été mis en place le 14 mars 2007. Il prévoit la création d'une Agence nationale d'évaluation des établissements médico-sociaux qui notera et accréditera les maisons de retraite. Les contrôles surprises des Directions départementales de l'action sanitaire et sociale vont être multipliés. Les établissements eux-mêmes devront régulièrement s'autoévaluer et s'engager à améliorer la qualité du service et des soins proposés.

cadre de la mission que m'avait confiée Philippe Douste-Blazy[1]. Je me souviens, en particulier, de l'hôpital local de Mortain, en Basse-Normandie, dans lequel l'ensemble du personnel, du cuisinier au médecin, a été formé à une attention particulière à la personne.

Si l'on veut permettre à une personne âgée de rester une « personne humaine » jusqu'au bout, il faut la traiter, comme on le fait pour les nouveau-nés, avec respect, attention et tendresse. Il faut apprendre aux soignants à remettre en question toute la technicité apprise sans tendresse et sans présence. Il faut désapprendre d'abord à traiter l'autre comme un objet de soins, qu'on manipule sans respect, et acquérir une approche différente, pleine d'humanité. Si un malade ordinaire peut, à la rigueur, accepter qu'on le touche comme une chose, parce que c'est utile, nécessaire, on comprend qu'une personne très vulnérable, ou démente, ne fasse pas la différence entre un toucher objectivant et un toucher agressant. Si on la touche, cela ne peut être qu'avec douceur et bienveillance. Des formations existent[2] qui enseignent une méthodologie fondée sur la relation, la présence et le tact.

La « philosophie de l'humanitude » et la méthode Gineste-Marescotti placent le lien humain au centre des soins. De plus en plus de maisons de retraite font appel à ce type de forma-

1. En 2005, du temps où il était ministre de la Santé.

2. Notamment celle de l'IFR (Institut de formation et de recherche) pour l'humanisation des soins, 4, petite rue des Feuillants, 69001 Lyon, ifrhus@free.fr

tion et les résultats sont là : les comportements agités des résidents diminuent considérablement et, du côté des soignants, il y a beaucoup moins d'arrêts de travail.

Les piliers de la méthode sont le regard, la parole et le toucher. Les vieux sont habituellement peu regardés, vraiment regardés. Lorsqu'un soignant a compris qu'il ne regarde pas vraiment la personne qu'il soigne, qu'il croise son regard de haut, de loin, de biais, avant de s'en détourner pour vaquer à ses occupations, lorsqu'on lui apprend à se mettre à hauteur du visage, sans hésiter à se rapprocher très près, à quelques centimètres, pour capter son regard, enfin lorsqu'il n'a pas peur de se planter dans les yeux de l'autre, alors on assiste à des changements surprenants. Les gens sortent de leur nuit. L'importance de la parole, des mots tendres, n'est plus à démontrer quand on sait qu'un vieil homme grabataire, désorienté et replié sur lui-même reçoit en moyenne cent vingt secondes de paroles par jour. Qui caresse encore une vieille personne ? Souvent les soignants n'ont pas conscience de la brutalité et de la rapidité de leurs gestes, ils n'envisagent pas l'agression que cela représente pour l'autre, si vulnérable. Dans une formation à l'humanitude, les soignants apprennent les gestes enveloppants, tendres, rassurants, et bien plus efficaces puisqu'ils détendent les corps.

Florence Deguen[1], journaliste, décrit ainsi une des scènes les plus émouvantes d'un film

1. Dans *Aujourd'hui*, 5 septembre 2007.

tourné en 2006 dans une maison de retraite : « Ce film, c'est la botte secrète de l'institut de formation Gineste-Marescotti. Une dizaine de minutes qui tirent les larmes, tant elles illustrent les miracles que peut accomplir un peu d'humanitude... Jeanne est une vieille dame de quatre-vingt-neuf ans qui n'a pas bougé de son lit depuis un an et demi. Elle a les yeux presque toujours clos, les genoux repliés en position fœtale, elle ne réagit plus à rien, est nourrie de force... Jusqu'à ce qu'une aide-soignante formée à l'humanitude vienne la chercher au fond de son lit. Durant trois longues minutes, la jeune femme s'acharne dans le vide, d'une voix douce, visage à hauteur du masque clos de la vieille dame. "Jeanne, s'il vous plaît, je suis une amie, ouvrez les yeux..." Jeanne résiste, murée dans sa fixité effrayante. La main de l'aide-soignante caresse l'épaule, sa voix appelle encore, et encore. Et puis soudain, les paupières de Jeanne papillonnent, hésitent, s'ouvrent. Ce n'est pas encore un regard humain, juste deux yeux vagues surpris d'être tirés de leur léthargie. Ils accommodent mal, mettent quelques secondes à rencontrer vraiment le regard de l'aide-soignante. Dès lors, Jeanne va doucement revenir à la vie... se redresser dans son lit... se laisser laver, accepter de manger assise, prononcer ses premiers oui et non depuis un an et demi, et même remarcher... Avant de lâcher dans un souffle à l'aide-soignante... "je t'aime". »

Ce que je lis là ne m'étonne pas. J'ai vu de tels miracles opérés par Yvonne, Simone, les aides-soignantes de l'unité de soins palliatifs où je travaillais comme psychologue. J'ai vu des personnes qui n'étaient plus que des fantômes revenir à la vie. Cela suppose du cœur, bien sûr, mais aussi la capacité de trouver ce qu'on appelle la « distance juste ».

Cela ne signifie pas que l'on doive se protéger de la relation, se « blinder », mais au contraire que l'on puisse rester sensible aux émotions de l'autre sans les confondre avec les siennes. La neutralité affective est illusoire et ne permet pas à un soignant de rester une personne humaine.

Une chose est certaine, lorsque les soignants apprennent à être tendres, ils retrouvent une certaine estime d'eux-mêmes et s'épuisent moins. Ils découvrent qu'ils peuvent avoir du plaisir à travailler.

Il ne s'agit donc pas de les culpabiliser de « mal faire » lorsqu'on leur a donné une formation tellement hygiéniste et ergonomiste qu'ils en ont oublié qu'ils étaient là aussi pour faire du bien au malade. Il s'agit de valoriser ce qui ne l'a pas été jusqu'à maintenant : la douceur, le tact, la présence, et d'encourager les soignants à assumer leur humanitude devant leurs collègues.

On évoque souvent à tort l'argument du manque de temps et du manque de personnel dans les établissements pour excuser le manque d'humanité. Être humain ne prend pas plus de temps. Au contraire, on découvre qu'avec le même temps on fait la même chose mais mieux, lorsqu'on est bien présent à l'autre. Trop longtemps certains soignants se sont sentis mal jugés d'être tout simplement humains. Ils se cachaient lorsqu'ils avaient un geste de tendresse. Cela n'est pas acceptable. Cela suppose qu'en plus de la formation qu'on leur donne cette démarche soit assumée par la direction de l'institution et par les cadres de santé. Il faut une culture commune de l'humain dans le service. Une responsabilité collective. Le jeu en vaut la chandelle. À une époque où l'on se plaint de ne pas trouver à recruter suffisamment de soignants et d'aides-soignants dans les maisons de retraite et les établissements hospitaliers pour personnes âgées dépendantes, on devrait réfléchir à l'attractivité d'une formation et d'une culture d'établissement résolument humanistes pour les personnes susceptibles de venir travailler dans ces établissements.

Côté personnes âgées, le bénéfice d'une approche qui respecte leur rythme, leur sensibilité, leur dignité, n'est pas à démontrer. Bien des troubles disparaissent, notamment l'agitation, et les prescriptions de calmants diminuent. Certains médecins gériatres affirment aussi que leurs patients glissent moins vite vers la grabatisation.

Rencontre avec des vieillards remarquables

Convaincue que si nous sommes entourés d'humanité, si nous gardons le cœur ouvert et une petite lumière au fond de nous, notre vieillesse quelle qu'elle soit aura sa dignité et son sens, et que le lieu où nous la vivrons importera sans doute moins que nous nous l'imaginons, j'ai pensé qu'il était temps enfin de revenir vers ces paroles de sages qui montrent que l'avancée en âge peut être vécue comme « une victoire », pour reprendre les mots de Ladoucette. Peu après ma rencontre avec lui, je reçois le magazine *Nouvelles Clés* qui publie « dix témoignages de seniors magnifiques[1] ». Voilà qui me réconforte. « Ce que donne l'âge, c'est bien la jeunesse du cœur », affirme Benoîte Groult qui, par ailleurs, se plaint d'un âge où on passe son temps à dire « aïe! » « Pouvoir ouvrir ses volets chaque matin, et découvrir le jour naissant... le monde redevient frais tous les jours. Alors que, quand on est jeune, on ouvre machinalement les volets... Chaque geste prend sa valeur ; on devient curieux

1. *Nouvelles Clés*, n° 51, automne 2006.

de tout, bien plus curieux qu'avant. Par exemple, je viens de découvrir la poésie, qui vous pousse à la contemplation, vous ramène à l'essentiel. Je découvre la richesse des voyages immobiles. Quand j'étais dans l'action, je la délaissais. Maintenant je la savoure. » Henri Salvador renchérit : « Cette curiosité, c'est ce qui conserve. C'est l'anti-vieillesse par excellence. » Lui aussi, comme tant d'autres, rappelle que la clé du bonheur consiste à savourer l'instant présent, les bons moments, car « la vie, c'est fabuleux ! On dirait que les gens ne s'en rendent pas compte, ils se plaignent tout le temps, râlent, geignent, se délectent de leurs malheurs. Je ne vois que les bons moments, les autres je les oublie ». En écho, on lit que la doyenne du Sénat, Paulette Brisepierre, déclare que plus elle avance en âge et plus elle trouve la vie fantastique !

Maurice Béjart, lui, affirme à soixante-dix-neuf ans que le vieillissement n'altère pas l'élan créateur, et, s'il ne peut plus danser lui-même, il vit la danse à travers ses élèves. Denise Desjardin, quatre-vingt-trois ans, rappelle qu'en Inde on dit que quelque chose continue à grandir en nous jusqu'à la fin, on parle du « seigneur intérieur ». « On l'appelle aussi le Soi, l'"être véritable", autant de noms pour désigner quelque chose de permanent, d'inamovible, presque d'éternel. » Robert Laffont, à près de quatre-vingt-dix ans, parle de « joie de contempler sa vie à l'envers ». Si, dans son corps, il se sent vieux, lourd, son esprit se sent de plus en plus léger, détendu, serein. Il apprend encore de la vie, notamment à

« vibrer et communier avec le monde » qui l'entoure. Claude Sarraute, quatre-vingts ans, parle de cette liberté très agréable pour une femme : ne pas se sentir obligée d'être sexy ! Elle est moins dépendante du regard des autres et sent qu'elle peut dire ce qu'elle veut, sans crainte d'être jugée. Jacqueline de Romilly, quatre-vingt-treize ans, elle aussi, confirme que l'esprit reste jeune et qu'on peut enfin quitter son « petit moi » et « s'élever vers la sagesse ». Enfin, pour le professeur Baulieu, la place accordée au plaisir, à la volupté, à la sensualité, est essentielle pour vivre une vieillesse heureuse.

La lecture de ce catalogue de seniors magnifiques m'a suggéré l'idée d'aller parler avec deux personnes que j'aime et qui, chacune à sa manière, me donnent envie de vieillir. Je les considère comme des porte-bonheur, tant leur seule présence fait du bien. Je vous les présente donc. Elles sont toutes les deux des figures médiatiques connues. Elles sont toutes les deux des âgées rayonnantes.

Voilà d'abord sœur Emmanuelle. Cette religieuse presque centenaire, connue de tous les Français pour son charisme et l'action qu'elle a menée dans les bidonvilles du Caire pendant vingt ans pour combattre la misère et l'analphabétisme, n'a cessé de secouer ses contemporains « poursuivis par le non-sens » et en quête de libération spirituelle.

Très médiatique – dans les sondages de popularité en France, elle côtoie Johnny Halliday –, elle a profité de cette aura pour toujours, inlassablement, prêcher la voie du cœur. Consciente de la jouissance personnelle qu'elle a tirée de cette position médiatique, elle a fini par l'accepter lucidement. « J'ai compris, dit-elle, qu'il est impossible de séparer le noyau dur de son propre intérêt du souffle d'amour pour les autres. » Comment mieux dire que l'acte gratuit n'existe pas. « Notre nature cherche son épanouissement. Elle contient elle-même la soif de jouir, de posséder, de "se faire mousser", comme elle contient aussi l'élan du don, du service de la compassion[1]. » Si je cite ces paroles de sœur Emmanuelle, c'est que je suis touchée par l'humilité et la vérité dont elle fait preuve en parlant ainsi d'elle-même. Cette femme est vraie, et c'est la raison pour laquelle je suis allée la voir pour recueillir son témoignage.

En cette fin d'après-midi, elle me reçoit, assise dans son fauteuil, dans la chambre de l'hôpital des Diaconesses à Versailles, où elle est hospitalisée depuis le malaise qui l'a terrassée, alors qu'elle allait donner une conférence dans le Nord. Voûtée, ridée, mais l'œil toujours incroyablement vif, la voix toujours aussi haut perchée, l'esprit toujours aussi éveillé. Elle a presque cent ans, mais je ne peux m'empêcher de penser : « Quelle jeunesse ! quelle énergie ! »

Nous nous connaissons depuis plusieurs années. La première fois que je l'ai entendue parler, c'était à Aix-les-Bains, à l'occasion d'un grand

1. Sœur Emmanuelle, *Vivre, à quoi ça sert ?*, Paris, J'ai Lu, 2005, p. 110.

forum consacré à l'amour. Elle nous a parlé de Bergson. Elle était toute frêle, debout sur l'estrade, dans son accoutrement de religieuse, qui n'a rien pour mettre en valeur.

Et pourtant, elle rayonnait. Brandissant une feuille morte, elle nous a parlé du cœur de l'homme. Elle le comparait à un lac immense et profond, recouvert de feuilles mortes. Les feuilles de la tristesse et de l'amertume. Il faut absolument, disait-elle, fendre cette écorce de tristesse, plonger dans les profondeurs du lac, c'est-à-dire dans les profondeurs de ce cœur. Il faut avoir le courage d'aller au fond de soi, de puiser en soi, répétait-elle, comme pour nous transmettre quelque chose de son immense confiance en l'homme. « L'homme passe l'homme », a-t-elle rappelé, citant Pascal, le philosophe qu'elle aime par-dessus tout. Pascal qui lui a fait découvrir « la grandeur pensante de l'homme[1] ».

Et puis nous nous sommes revues quelques mois plus tard. Je lui avais demandé de me remettre les insignes de la Légion d'honneur. Je voulais que ce soit quelqu'un comme elle, de profondément engagé au service de l'homme, qui me remette cette distinction. Elle a accepté, car elle avait beaucoup aimé mon livre, *La Mort intime*. Cette cérémonie nous a liées.

Maintenant, dans cette chambre d'hôpital, elle se sent vulnérable. Ce malaise, c'est comme un signe. La mort n'est peut-être plus très loin. D'ailleurs, elle y pense tous les jours, mais sans

1. *Ibid.*, p. 45.

aucune peur. Elle est prête. « Pour moi, c'est comme un enfant qui tombe dans les bras de son père », me dit-elle en parlant de la mort.

Je suis venue lui demander de nous transmettre quelque chose de son expérience de la vieillesse. Son témoignage n'est certes pas représentatif de ce que vivent la plupart de nos âgés, car sœur Emmanuelle est une sorte de sainte. On pourrait me reprocher d'aller chercher des exemples auxquels on ne peut pas s'identifier. Sachant cela, je suis tout de même allée la voir, car je pense que nous avons besoin des paroles de ceux qui nous tirent vers le haut.

À chacun des lecteurs de prendre, dans les paroles qui vont suivre, ce qui peut l'aider à avancer en âge. L'invitant à me parler de sa vieillesse, elle me regarde droit dans les yeux :

— Eh bien, tu vois, Marie, la vieillesse, c'est la plus belle période de ma vie. J'ai le sentiment d'être riche de toutes les rencontres que j'ai faites. Des milliers et des milliers de gens m'ont enrichie. De sorte que j'ai un capital immense, et que je me sens responsable de transmettre ce que j'ai reçu.

Comme je lui fais remarquer que les gens la voient comme une sage, elle rétorque :

— Mais je ne suis pas sage ! Marie ! Je suis un peu une hurluberlue ! Je me lance dans des aventures, je suis déraisonnable ; j'ai toujours été comme cela. Ce que j'ai fait, je l'ai fait contre vents et marées. Personne ne m'approuvait. Quand je suis devenue religieuse, tout le monde s'est moqué de moi. J'étais une fille qui aimait s'amuser, voyager, danser avec de jolis garçons.

J'étais coquette. Le look, c'était important pour moi. Alors on m'a dit : « Mais qu'est-ce que tu vas faire au couvent ? » Les autres ne voyaient pas que, dans le fond de mon cœur, j'avais un désir d'absolu. Je flirtais, je voyageais. Mais cela me menait à quoi ? Je sentais que j'étais faite pour quelque chose qui ne passe pas. Je ne connaissais pas encore la parole de Pascal : « Tout nous glisse et fuit d'une fuite éternelle. » Je sentais que tout me glissait des mains. Je voulais ce qui ne passe pas : l'amour, l'amour gratuit, l'amour vrai, car cela est éternel.

Il y a quelques années, lorsque nous avons parlé, elle et moi, de notre enfance, sœur Emmanuelle m'avait dit combien le fait de voir son père se noyer sous ses yeux, lorsqu'elle avait quatre ans, avait été déterminant.

— Ce jour-là, vous avez compris, au fond de vous, que tout passe, que la vie est passagère. Vous avez cherché, en effet, ce qui ne passe pas.

— Oui. J'ai compris que si j'aimais un homme, si je me mariais, cet homme disparaîtrait un jour, comme j'avais vu disparaître mon père. Il me fallait un amour absolu, un amour qui ne disparaîtrait pas. Je n'ai jamais regretté d'avoir choisi la vie religieuse. Cette vie m'a libérée. Quand j'ai troqué ma robette de jeune fille coquette contre l'austère robe de novice, une robe noire qui me tombait jusqu'aux pieds, et sur la tête un petit voile attaché par deux cordons complètement ridicules – on avait l'air de veuves ! – cela m'était bien égal. J'étais libre ! J'étais libre ! J'avais fait vœu de pauvreté, donc je n'avais plus besoin d'argent, j'avais fait vœu de chasteté, donc les jolis garçons ne m'intéressaient plus, j'avais fait vœu d'obéissance, j'avais une supérieure avec laquelle j'allais chercher le bon chemin. Enfin, j'étais libre ! Et je me sens toujours libre, peut-être même encore plus.

— Voulez-vous dire que la vieillesse donne une liberté plus grande encore ? ai-je demandé.

— Oui, je le pense. Les contacts sont tellement plus faciles. Et puis la tendresse qui, lorsqu'on est plus jeune, peut sembler ambiguë, et que l'on n'ose peut-être pas vivre pleinement à cause de cela, devient une dimension humaine très claire. J'ai des amitiés très tendres, qui sont vraies et qui m'apportent beaucoup. Et puis quand je vois ma vie se dérouler, je me sens en paix. J'ai fait les bons choix.

Comme je lui demande à quoi elle passe toutes ses journées :

— Je reçois mes amis, ceux de l'association que j'ai fondée et dont je suis de près les activités. Je ne sais pas pourquoi, mais j'ai énormément de jeunes amis. Je me retrouve en eux. Ils me rafraîchissent l'âme, les jeunes, c'est délicieux ! On peut être vieux et garder le cœur jeune. C'est une merveille. En vieillissant, je suis devenue extrêmement sensible. Le respect, l'affection, me font du bien. Avant, je ne ressentais pas le besoin d'être entourée de sourires et de gentillesse. Maintenant j'en jouis beaucoup et cela m'aide à ne pas être une vieille ronchonneuse !

Se sent-elle parfois seule ?

— Jamais ! Vois-tu, Marie, je crois profondément en la présence d'un esprit d'amour qui nous habite. C'est ma demeure. J'en jouis à tout instant.

— Cette présence, vous l'appelez Dieu ? ai-je risqué.

Son visage s'éclaire, un visage de jeune fille soudain.

— J'ai deux sources infinies de joie : Dieu et les hommes. Je crois en Dieu, je crois en l'homme. Quand je suis seule, je prie. J'ai toujours mon chapelet à portée de la main. Je prends dans ma prière toutes les personnes qui sont dans mon cœur, et je fais un immense bouquet que j'offre du matin au soir. « Bénis, Seigneur, tous ceux que j'aime ! » Je suis sûre que Dieu m'écoute, qu'il les aide à porter leur vie, à sauter par-dessus les obstacles, à aimer.

Comme je lui demande ce qu'elle aimerait dire à tous ceux qui entrent dans le troisième âge et qui ont peur de vieillir, elle conclut d'une voix qui me frappe par sa fermeté et sa douceur :

— N'ayez pas peur ! La vieillesse, c'est comme un couronnement. J'arrive à la cime de ma vie et je regarde le monde et les autres avec une infinie tendresse. Je les ressens dans mon cœur. Cette contemplation tendre me procure une immense joie. Pour moi, c'est comme du champagne ! La joie fuse dans mon cœur !

« Vous pouvez, vous aussi, donner autour de vous cette joie. On devient vieux le jour où l'on ne croit plus en l'homme et en la valeur de chacun, quel qu'il soit. Faites vôtre cette parole d'un poète musulman que j'aime tant : “Fends le cœur de l'homme et tu y trouveras un soleil !" Mais pour cela, il faut un peu s'oublier soi-même, s'intéresser aux autres !

« Il faudrait que les personnes âgées prennent conscience que c'est leur mission d'aimer. Quel que soit l'état dans lequel on vieillit, on peut regarder, sourire, tendre la main, bénir. Et cela transfigure la vie.

Ce sont la foi et l'amour, disions-nous, qui éclairent le grand âge. Sœur Emmanuelle vient de nous en apporter un exemple. Sa foi s'enracine dans son expérience religieuse. D'autres personnes âgées rayonnantes, comme nous allons le voir, ne sont pas portées par une foi religieuse, mais tout simplement par une foi dans la vie et dans l'homme.

C'est le cas de mon ami, Stéphane Hessel, un grand humaniste, un homme d'engagement et de dialogue. Ancien résistant et déporté durant la Seconde Guerre mondiale, Stéphane Hessel a été diplomate français à l'ONU. Il est membre du Collegium international éthique, scientifique et politique créé par Michel Rocard. À ce titre, il sillonne le monde pour défendre, au fil des conférences qu'il donne, ce qu'il appelle la culture de la paix.

Il se définit ainsi comme une sorte de jardinier. « Faire pousser la paix, c'est faire pousser la compréhension, le dialogue, la communication et non la violence », répète-t-il inlassablement.

J'ai profité de l'amitié qui nous lie pour lui demander de nous confier quelques pensées sur la vieillesse. Comment vit-il cette période de sa vie ?

Il faut que le lecteur sache que Stéphane Hessel a quatre-vingt-dix ans. C'est un homme mince, élégant, en bonne santé. Mais c'est surtout un homme d'une grande culture, que l'on sent habité d'une joie de vivre et d'un sens du bonheur communicatifs. Dans ses yeux, à travers son large sourire, on voit la lumière dont parle Victor Hugo[1].

— D'où viennent cette jeunesse et cette lumière ?

— Elles me viennent de ma mère, Hélène. Quand j'étais petit, une des phrases favorites de ma mère était : « Faisons vœu d'être heureux ! » Elle me disait que le bonheur éprouvé et projeté, c'est ce que chacun de nous peut faire de meilleur. On peut aussi projeter ses souffrances, ses douleurs, mais cela n'a aucun intérêt. C'est dans les premières années de la vie que se forme une psyché qui peut être renforcée dans sa capacité à rayonner. J'ai eu cette chance d'être initié au bonheur et, ensuite, j'ai cultivé le bonheur toute ma vie.

« J'ai tout à fait conscience que cela m'a conduit à me construire une image de personne aimable. J'ai besoin de plaire. Le revers de la chose, c'est que j'ai tellement envie d'apparaître comme quelqu'un qui est à l'écoute, positif, constructif, que j'ai beaucoup de mal à me défendre quand on n'est pas d'accord avec moi ou que l'on m'attaque. Ma tendance est d'essayer de comprendre,

1. « Mais dans l'œil du vieillard, on voit de la lumière », *La légende des siècles.*

pas de répliquer avec vigueur. Et puis quand je suis sollicité, je ne sais pas dire non.

« À côté de ce sens du bonheur, qui me vient de ma mère, j'ai le sentiment d'avoir de la chance dans ma vie. Il y a eu au moins quatre fois où la mort m'a frôlé de très près et où j'ai survécu. J'appelle cela chance. Quand on a beaucoup de malchance, c'est plus difficile de bien vieillir. Je dis à mes amis : il faut au moins une fois dans sa vie croiser la mort. C'est une expérience importante. La vie est un bien. On risque de l'oublier si elle n'a pas été préservée à un moment où on aurait pu la perdre. Cela vaut pour les périodes de guerre mais aussi de graves maladies.

Stéphane sait évidemment de quoi il parle. Après s'être engagé auprès du général de Gaulle, il a été arrêté en 1944, déporté à Buchenwald, puis à Dora. Il y serait sans doute mort, s'il n'avait bénéficié d'une « chance » inouïe. Une nuit, on est venu le prévenir qu'une évasion se préparait. Comme l'un des participants venait de mourir, et qu'il y avait une place, on lui a proposé de la prendre. Stéphane s'est donc évadé avec d'autres cette nuit-là. Nous comprenons mieux maintenant le sentiment de gratitude de cet homme pour le simple fait d'être vivant. Comment entretient-il cette joie de vivre ?

Stéphane a toujours aimé la poésie. Depuis toujours, il apprend et récite les poèmes qu'il aime. Il n'y a pas un dîner avec lui qui ne se termine par la récitation d'un ou deux poèmes, en français ou en anglais. Ces soirées avec lui ont un charme fou. Car on le sent tout entier dans le poème, dans son rythme, dans l'émotion qu'il soulève. On l'écoute les yeux fermés, on suit les modulations de sa voix, parfois imperceptible dans les moments qui touchent au plus profond de l'âme. Je l'avoue, on est transporté.

Outre le fait que c'est excellent pour la mémoire de se réciter un poème par jour, on sent bien que, pour cet homme qui aime la vie et éprouve une immense gratitude à son égard, cette pratique quotidienne est une sorte de prière.

Pour ses quatre-vingt-huit ans, Stéphane a écrit une anthologie[1]. Il a choisi quatre-vingt-huit poèmes qui évoquent la mort et il partage avec le lecteur l'émotion que lui procurent ces textes.

— Je voudrais réintroduire l'idée de la mort. Voyez-vous, un de mes atouts est que j'ai une attitude très positive. J'ai envie de mourir. Pas demain, pas après-demain, mais j'ai très envie que ma vie trouve un achèvement, et je voudrais que cet achèvement se passe à un moment où je ne sois pas plus diminué que nécessaire. Bien sûr, on diminue, mais si on pouvait – il y a des gens qui le font – se dire : « Maintenant, ça y est, ma vie a été merveilleuse. Je la quitte avec d'autant plus de plaisir que j'ai encore du plaisir à vivre et que j'aurais donc du plaisir à mourir, car les deux plaisirs pour moi ne font qu'un. » Je crois beaucoup que la mort n'est qu'un passage comme la naissance. Quelque chose en nous se répand largement dans le temps.

1. Stéphane Hessel, *Ô ma mémoire, la poésie, ma nécessité*, Paris, Le Seuil, 2006.

« Donc si on peut avoir cette attitude positive à l'égard de la mort, on peut ne pas avoir peur de vieillir, en sachant que l'on trouvera le moyen de s'en aller quand l'heure paraîtra venue. Je reconnais que ce sont des considérations qui ne tiennent pas vraiment la route, car on n'a pas encore les vrais moyens de dire : "Allez hop ! j'arrête." Pourquoi maintenant ? Parce que je vais avoir quatre-vingt-dix ans ? Cela peut être absurde de se mettre une telle barrière !

« Je suis favorable à ce que l'on donne aux gens la possibilité de décider qu'ils en ont assez et qu'on leur trouve un moyen "sympathique" de s'en aller. Comment respecter ce choix de s'en aller sans passer par l'euthanasie, sans demander à un autre qu'il s'implique dans votre mort ?

Stéphane me raconte alors la manière dont sa belle-mère, la mère de Christiane sa seconde épouse, est morte à quatre-vingt-neuf ans. « Elle a dit qu'elle voulait s'en aller. Elle n'a rien fait de particulier, ni de très actif, comme de ne plus s'alimenter. Simplement, elle s'est laissée aller à la mort. Et la mort est venue. Je pense qu'on peut appeler la mort. »

On peut donc appeler sa mort ! Oui, Stéphane le pense. En vieillissant, sa foi dans l'« invisible » a grandi. Il me parle alors d'un texte admirable de Rilke qu'il a découvert et qu'il vient de traduire. Rilke répond à un ami qui lui dit qu'il aimerait comprendre *Les Élégies de Duino*. Au cours de cette belle lettre de sept pages, on lit ceci : « Ce que j'ai découvert, c'est que la vie est encadrée par l'invisible, que les anges vivent dans cet invisible. Et que notre tâche à nous les hommes est de transformer le visible en invisible. Nous sommes des abeilles qui butinons l'or du visible pour en faire la trame de l'invisible. » Ce texte indique que le fait d'être mortel nous autorise à tirer la substance de la vie et à lui donner corps en nous, de sorte qu'elle transperce les frontières terrestres. Naturellement la poésie fait partie des éléments qui nous rapprochent des anges.

« Notre tâche, écrit Rilke, est d'imprimer en nous cette terre provisoire et caduque, si profondément, si douloureusement et passionnément que son essence resurgit invisiblement en nous. Nous sommes les abeilles de l'invisible. Nous butinons éperdument le miel du visible pour l'accumuler dans la grande ruche d'or de l'Invisible. »

Je demande alors à Stéphane pourquoi cette phrase de Rilke le touche tellement. Elle résume à merveille, me dit-il, la mission de chacun d'entre nous. Les hommes sont capables de prendre en main la destinée de l'espèce. Or l'espèce humaine a acquis une dimension immense, au cours du siècle dernier. « Elle a une capacité nouvelle à être. Ce qu'elle a découvert sur elle-même depuis Freud et Einstein, cette transformation implique une responsabilité. L'homme est responsable de l'homme. Il ne peut pas se comporter n'importe comment. »

Or n'est-ce pas la mission de tous les âgés, de tous les futurs centenaires, de rappeler à ceux qui commencent leur vie, aux générations qui montent, tout ce qu'ils ont appris à la fois du monde et de l'homme ? Nous qui avons connu la guerre, nous savons maintenant que l'espèce humaine est capable de la pire barbarie, mais elle est aussi capable de s'organiser autour de grands principes comme la Déclaration des droits de l'homme et de veiller à les faire respecter. « Nous savons maintenant que la guerre ne se gagne jamais, que la violence n'est pas la solution. Nous savons quelles sont les voies qui mènent à la paix, au développement et à la démocratie : le dialogue, l'écoute, la négociation. Nous savons que, si nous ne les empruntons pas, nous courrons des risques énormes.

« Lorsque nous sommes revenus des camps, nous n'avons pas été questionnés, on ne nous a pas demandé ce que cette expérience nous a enseigné. Aujourd'hui avec le soixantième anniversaire de la libération des camps, on nous interroge. Le directeur du Mémorial de Buchenwald a invité soixante-dix jeunes de toute l'Europe et leur a demandé d'interviewer un rescapé des camps. Les jeunes nous ont posé des questions intéressantes. Ensuite, ils ont présenté un sketch avec tout ce qui les avait marqués. Ils avaient, en effet, retenu quelque chose, pas seulement le malheur, la dégradation, la douleur, mais le goût de la vie, le désir d'être utile que les survivants désirent transmettre. »

Voilà donc deux personnes d'un grand âge. Bien différentes l'une de l'autre. L'une est croyante, l'autre pas. L'une a toujours vécu seule ou en communauté, l'autre a été mariée deux fois et a plusieurs enfants et petits-enfants. Leurs parcours, eux aussi, diffèrent. Ce qu'ils ont en commun : un engagement très fort dans leurs choix de vie, une vitalité, un optimisme, une foi dans la vie à toute épreuve, une capacité de joie et d'émerveillement. Quel sens donnent-ils à cette dernière étape de leur vie ? Celui de continuer à s'enrichir affectivement et spirituellement, celui de transmettre aux plus jeunes leur expérience, leurs valeurs et leur foi en l'homme.

Après les avoir rencontrés, nous sommes convaincus que l'on peut vivre vieux, tout en gardant l'estime de soi, tout en éprouvant des moments de joie et de bonheur, tout en continuant à apprendre de la vie. Mais comment y parvenir ? Comment parvenir à une vieillesse aussi épanouie ?

Des clés pour un bon vieillir

Notre génération va vivre plus longtemps et mieux. Sa responsabilité n'est pas seulement de « bien vieillir » mais de faire de cette expérience quelque chose de bon et d'heureux. Une aventure enviable.

Certes nous ne sommes pas tous égaux face à cette aventure. Ceux qui ont fait des choix de vie qui ne les ont pas trop abîmés n'entreront pas de la même manière dans ce « nouvel âge » que ceux qui ont brûlé la vie par les deux bouts. On paiera les erreurs et les négligences du passé.

Sans doute parce que les pouvoirs publics sont conscients de cette inégalité face au vieillissement ont-ils décidé de consacrer des sommes importantes à la prévention de la « mauvaise » vieillesse[1]. Les jeunes retraités de demain pourront faire le point sur leurs moyens financiers, leur état de santé, et s'informer des clés d'un vieillissement réussi, en termes de nutrition et d'activités sportives. Le plan Bien vieillir essuie cependant

1. Cent soixante-huit millions d'euros dans le cadre du plan Bien vieillir annoncé par Philippe Bas, le 24 janvier 2007.

déjà de sévères critiques. Certains estiment que ce plan va creuser l'écart entre les retraités riches et les retraités pauvres. Tout le monde n'a pas les moyens de vivre des interactions sociales riches le plus longtemps possible, de privilégier une activité physique et sportive régulière, d'avoir une alimentation saine et variée.

Mais ce n'est pas seulement par une bonne alimentation, un mode de vie équilibré, du sport, du sommeil, que nous relèverons ce défi. Notre état d'esprit y contribuera largement. Comme on peut le lire dans un texte qui date de plus de deux mille ans[1] : « Il ne suffit pas d'être attentif à son corps ; il faut davantage encore s'occuper de l'esprit et de l'âme. L'un et l'autre, en effet, risquent d'être éteints par la vieillesse comme la flamme d'une lampe privée d'huile. » Malheureusement, le plan ministériel fait l'impasse totale sur la dimension psychologique et spirituelle du vieillissement ! Rien n'est proposé pour aider notre génération à opérer cette mutation profonde qui permet d'aborder le grand âge sereinement. Aucune clé, aucune stratégie. Sans doute les pouvoirs publics estiment-ils que ce domaine appartient à la sphère privée de chacun. Nous verrons plus loin que le philosophe Robert Misrahi préconise une véritable éducation au bien vieillir. Cela relève, selon lui, d'une politique de santé publique !

Dans son livre *Rester jeune, c'est dans la tête,* Olivier de Ladoucette consacre un chapitre aux

1. Cicéron, *De senectute*.

stratégies psychologiques qui permettent de rester jeune. D'abord prendre la vie du bon côté, lutter contre le stress. Il cite notamment les études faites aux États-Unis qui montrent que tout événement traumatique procure « un coup de vieux ». « Deux stress majeurs dans l'année feraient vieillir de seize ans. Enfin, une *annus horribilis* comportant trois événements très graves pourrait augmenter l'âge du corps de... trente-deux ans et ce dans les douze mois qui suivent[1]. »

Il nous rappelle que « les centenaires nous enseignent qu'il est impossible de faire l'économie d'une bonne gestion des émotions si l'on souhaite vivre longtemps en bonne santé. Le biographe de Jeanne Calment, morte à l'âge de cent vingt-deux ans, était impressionné par sa capacité à faire face à l'adversité. Elle était, selon lui, immunisée contre le stress. Elle aimait répéter à qui voulait l'entendre : "Il n'y a pas d'épreuve insurmontable, il suffit chaque fois de trouver une solution"[2] ».

Comment faire pour aller sur les pas de Jeanne Calment ? Outre les règles d'hygiène de vie que nous avons abordées ailleurs, le sommeil, la nourriture frugale et équilibrée, l'évitement de l'alcool et du tabac, le mouvement, il s'agit avant tout de s'adapter aux situations, de garder confiance dans ses ressources, d'accepter ses limites avec humour, de savoir refuser ce que l'on n'a pas envie

1. *Rester jeune, c'est dans la tête, op. cit.*, p. 102.
2. *Ibid.*, p. 103.

de faire et de veiller à glisser dans son quotidien des plages de temps consacrées à faire ce qui fait plaisir, tranquillement. Si, en plus, on peut partager avec son entourage ses soucis, alors on est sur la bonne voie.

Toutes les études montrent que les personnes âgées qui ont conservé un réseau relationnel autour d'elles, familial, amical, vivent plus longtemps que les autres. Donner, recevoir, faire preuve de générosité exerce un effet positif. À l'inverse, les conflits relationnels sont un véritable poison, qui ronge comme la rouille.

« Les centenaires ne sont presque jamais solitaires. Ils ont près d'eux des gens loyaux qui leur apportent quotidiennement un soutien physique et psychologique. Ces relations existent grâce à un charisme certain, inspirant le respect et l'affection, et qui exerce un fort pouvoir d'attraction sur les gens[1]. »

Il s'agit de trouver l'équilibre entre une solitude assumée et une vie affective riche. L'indépendance affective n'est pas facile à assumer quand on se sent seul. Combien de personnes âgées reportent sur les plus jeunes une attente à laquelle ils ne peuvent répondre, car ils ont leur vie ! L'idéal est de ne pas trop attendre des autres, et d'être simplement disponible. Être aimable, voilà la clé, affirme Jean-Louis Servan-Schreiber. « À nous de faire en sorte que l'on ait plaisir à nous entendre, nous rencontrer, à communiquer avec nous. Adoucissons-nous ! Soyons disponibles ! »

1. *Ibid.*, p. 174.

« Certaines personnes âgées savent très bien doser cette alchimie, écrit-il aussi. Cela se niche dans un regard, un sourire, une voix aimable au téléphone. Elles ont un instinct pour se rendre agréables. Elles ne se plaignent jamais, n'attendent rien, ont leur propre réseau relationnel, veillent à leur aspect physique. Il ne s'agit plus de chercher à séduire, ce qui n'est pas approprié, mais de rester attirant, de cultiver son charme[1]. »

Le charme ne vient plus de la souplesse de la peau ou de la force du muscle, mais de l'âme, comme nous l'avons constaté à propos de l'actrice Tsilla Chelton. Le charme vient de la capacité à s'intéresser à autrui, au monde, de porter sur la vie un regard de confiance, d'émerveillement et de gratitude. « Il faut sortir de son égocentrisme pour entrer dans la sphère de l'autre », affirme Robert Misrahi.

Robert Dilts, auteur de nombreux ouvrages de PNL[2] (programmation neurolinguistique), a conduit une étude auprès de personnes âgées restées dynamiques, et s'est intéressé au processus psychologique qui caractérise ces personnes, leurs croyances, leur « spiritualité », leur capacité à surmonter le stress consécutif aux changements qu'impose le vieillissement, et enfin leur capacité à se fixer un nouveau cadre de vie. « Nous avons une idée assez précise de l'image

1. *Une vie en plus, op. cit.*, p. 118.
2. Robert Dilts, *Changing Beliefs with NLP*, Cupertino, Meta Publications, CA, 1990.

type du ou de la nonagénaire en bonne santé. C'est une personne heureuse, qui sait s'adapter, qui a une vie équilibrée et des relations sociales harmonieuses. La question est de savoir : comment devient-on comme cela ? Il ne suffit pas de dire : "Ayez une vie heureuse et équilibrée !" Nous voulons découvrir les processus psychologiques qui sont à l'œuvre derrière cette manière de vivre. »

Robert se demande comment ceux qui gardent une vitalité intacte tout en atteignant un âge avancé font face aux situations stressantes. Quelles sont les croyances auxquelles ils font appel pour contrôler leur état de santé, quelles sont leurs stratégies vis-à-vis de la maladie ? L'objectif de ce chercheur américain est d'identifier un modèle psychologique que l'on puisse ensuite utiliser pour aider les gens qui le désirent à mieux vieillir.

L'étude a été menée à Nijmegen, en Hollande. Un appel a été lancé à la radio. Il s'adressait aux personnes de plus de quatre-vingts ans, en bonne santé et actives. Trente personnes ont répondu et Robert Dilts en a sélectionné quatre, deux hommes et deux femmes de personnalité et d'horizon social très différents.

La première chose qu'il a constatée est que la capacité d'être heureux et en forme dans sa vieillesse se retrouve chez des gens ayant une histoire, une personnalité, des croyances et des stratégies de vie parfois radicalement opposées. Il a donc cherché quels pouvaient être les points communs aux quatre participants qu'il avait sélectionnés.

Il a d'abord été frappé par leur ouverture d'esprit, leur liberté de pensée et leur tolérance. Le fait d'avoir été en contact avec des personnes très différentes, dans leur enfance, joue certainement un rôle dans cette ouverture. Ensuite, tous les quatre soulignent l'importance de rester en mouvement, de chanter, de regarder le côté positif de la vie et des événements, de voir dans les épreuves de la vie une opportunité pour évoluer plutôt qu'un échec. Tous les quatre soulignent le rôle essentiel de l'humour.

Quand on aborde avec eux les moments marquants de leur existence, ils citent leur mariage comme ayant été le changement majeur de leur vie et la perte d'un conjoint comme la plus grande épreuve. Ils ont en commun d'avoir réussi leur travail de deuil en intériorisant la présence de la personne aimée disparue, dont ils sentent toujours la présence protectrice. La pensée de la mort ne les préoccupe pas particulièrement. Ils savent que leur vie est limitée, mais ils vivent comme s'ils avaient encore tout leur temps, et leur capacité à se tourner vers l'avenir est remarquable. Alors que la plupart des personnes de leur âge, dans notre société, vivent dans le passé et n'arrivent pas à se projeter dans l'avenir, Robert Dilts fait remarquer que, si ses quatre modèles sont capables d'envisager l'avenir, c'est qu'ils sont en paix avec leur passé. D'ailleurs, ils confirment qu'ils ne changeraient pas un iota à leur vie, même si elle a été jalonnée d'événements douloureux.

Leurs croyances et leurs valeurs diffèrent, mais

ils ont en commun le sentiment d'être reliés à quelque chose qui les dépasse et d'être en accord avec eux-mêmes. Au fond, chacun est fidèle à lui-même, à son histoire, à sa culture.

Quant à la vieillesse, ils la voient plutôt comme une chance, une libération. Moins de soucis, plus de temps pour se consacrer à ce qui les intéresse vraiment, une liberté de parole, une plus grande confiance en eux, une plus grande ouverture. « Chacun croit que son âge lui permet de faire ce qu'il n'a pas pu faire quand il était jeune », constate Robert, qui nous donne ici une clé du bien vieillir.

Comment alors aider les personnes âgées dans cette expérience du vieillir ? Comment leur apprendre à bien vieillir, à rester actives tout en acceptant le cours des choses, à être aimables, à rester fidèles à ce que l'on est, à s'intéresser aux autres en continuant d'apprendre d'eux, à regarder le bon côté des choses, à garder le sens de l'humour ?

Cela s'apprend-il ? Certains pensent qu'il est naïf de le croire. Les gens grincheux, égoïstes, dépressifs, ceux qui ont passé leur vie à se plaindre, à embêter les autres, ne changeront pas, pensent-ils. Leur vieillesse ne fera qu'empirer les choses. Ils feront partie de ces vieux que l'on fuit. Bien vieillir ne peut s'apprendre car on vieillit comme on a vécu, fidèle à ses qualités ou à ses travers.

Je pense, quant à moi, qu'en vieillissant on change, et pas toujours pour le pire. Même chez ces personnes qui n'ont pas aimé la vie, quelque chose peut se produire qui les réveille. L'avancée en âge, avec les multiples épreuves et deuils qu'elle implique, est l'occasion d'un retournement. Chaque crise, dans la vie, est la chance d'une mutation. Les Chinois l'ont bien compris, puisque l'hexagramme qui signifie la crise, dans leur langue, a un double sens, le chaos d'une part, la chance d'autre part. En vieillissant, nous avons donc toutes les chances de mettre notre ego de côté et de nous tourner vers les autres. Cela implique un travail sur soi et la volonté d'accomplir ce changement. Lorsqu'on a compris qu'être en harmonie avec soi-même et les autres est la seule manière de conserver un réseau d'amis autour de soi, et de bonnes relations avec ses enfants, cela aide.

Je connais un homme de quatre-vingts ans, dépressif et désagréable, qui a changé du tout au tout après un passage dans un service de réanimation. Il a pensé mourir, et quand il est sorti du service après deux mois, son entourage ne l'a pas reconnu ! Il a confié qu'il ne s'était pas rendu compte à quel point sa famille l'aimait, malgré son caractère impossible. Il a pris la décision de ne plus jamais se plaindre et de remercier tous les jours le ciel pour le bonheur d'être encore en vie. Il est devenu un vieillard délicieux. Partons donc du principe qu'il n'est pas impossible de changer, de se transformer. Si je ne le pensais pas, je n'aurais jamais écrit ce livre pour ma génération.

La plupart des seniors qui m'entourent ne veulent pas faire partie des hommes et des femmes qui se laissent assister et porter, sans donner d'eux-mêmes en échange. Ils rêvent d'être des vieillards rayonnants, « rassasiés de jours », comme il est écrit dans la Bible, heureux d'avoir mené à bien cette aventure qu'est la vie, heureux de terminer leurs jours paisiblement et de porter sur le monde ce regard de bienveillance que l'on acquiert lorsque l'on n'a plus rien à perdre, à prouver, à défendre.

Ce bonheur de vieillir se conquiert. Personne ne peut le faire à notre place. Il s'agit d'un véritable travail. Nous avons des deuils à faire, des remises en question. Il y faut du courage, du cœur, dans le sens que je donnais à ce terme au début de ce livre, c'est-à-dire du dynamisme, du désir. Ensuite nous serons disponibles pour de nouveaux apprentissages.

Car ce qui se profile de plus en plus aujourd'hui est l'idée que vieillir s'apprend. Je ne serais pas étonnée que dans les années qui viennent se développent des formations ou des séminaires pour aider les seniors à bien vieillir psychologiquement et spirituellement.

Le philosophe Robert Misrahi, comme nous le verrons plus loin, estime qu'il faudrait éduquer les personnes âgées. C'est dire à quel point il croit à la capacité d'apprendre jusqu'au bout de sa vie. Olivier de Ladoucette est du même avis. Prenons par exemple la capacité de regarder le bon côté des choses. On sait maintenant que l'optimisme prolonge la vie. Une étude américaine, conduite pendant vingt-trois années auprès de six cents personnes, a montré que celles qui avaient une attitude positive au début de l'étude ont vécu en moyenne sept ans de plus que les autres. Tout se passe comme si le corps avait besoin de signaux d'espoir pour récupérer, s'adapter et rester en forme. Olivier de Ladoucette pense que « l'optimisme peut s'apprendre, y compris tard ». On peut apprendre à être positif, à regarder la vie du bon côté à soixante ans même lorsqu'on n'a pas acquis cette aptitude dès l'enfance. On peut apprendre à remettre en question ses pensées négatives, on peut apprendre à faire confiance à l'existence. Bien sûr, cela suppose de le vouloir et de chercher de l'aide.

Il existe toutes sortes de méthodes pour développer une pensée positive et changer ses comportements.

On connaît la méthode Coué, la visualisation positive, les techniques d'hypnose, les techniques de programmation neurolinguistique, dite PNL. En psychologie comportementale, des protocoles d'entraînement à l'optimisme ont fait leurs preuves et des thérapies qui développent la « sécurité de base » des personnes leur permettent progressivement de s'appuyer sur leurs ressources internes (c'est, notamment, le cas de l'haptonomie).

Mais toutes ces stratégies, toutes ces clés pour une vieillesse réussie ne sont efficaces que si l'on accepte de vieillir, donc de se transformer.

Accepter de vieillir

Cela commence par un travail de deuil. « Je me sens limité », « je perds mes forces », « je ne peux plus faire ce que je faisais avant », « mon corps se déglingue », « je deviens transparente, les hommes ne me regardent plus », « je me fatigue », « on me fait comprendre que l'on peut se passer de moi », ainsi s'égrène le chapelet des plaintes de ceux qui sont entrés dans la vieillesse.

Yvonne Johannot a raconté lors d'une conférence organisée à Grenoble, en 2002, comment elle vit sa vieillesse. Il y a d'abord eu l'étape de la retraite à soixante-cinq ans. Une liberté soudaine, difficile à gérer. Elle réalise alors combien les contraintes professionnelles, avec leurs horaires stricts, étaient rassurantes. Elle était sur des rails. Les objectifs étaient clairs. Puis, tout à coup, il faut décider de ce qu'elle va faire de sa liberté retrouvée. Elle s'aperçoit aussi que le départ à la retraite, cela signifie quitter les milieux où il se passe quelque chose. Elle se sent donc exclue d'un monde qui tenait une place importante. Car elle appartient à une génération fière de travailler, de gagner sa vie, d'être indépendante. Bien sûr, elle éprouve une réelle satisfaction à toucher sa retraite, pour laquelle elle a cotisé au fil des ans. Mais elle sait qu'elle est aussi à la charge des jeunes, et cela la met mal à l'aise. « L'échange qui s'était instauré entre ce que je donnais à la société par mon travail et ce qu'elle me restituait sous forme de salaire était pour moi source d'équilibre, et celui-ci est rompu. »

Elle vit difficilement la transformation d'un certain nombre de valeurs et a du mal à s'adapter à toutes les nouveautés technologiques : l'ordinateur, le courrier électronique, Internet. Cette difficulté accentue le sentiment qu'elle a de ne pas être dans le coup. Elle pense que l'expérience acquise dans sa vie « ne colle plus ou mal » avec la réalité d'aujourd'hui et n'est pas ou difficilement communicable à ses petits-enfants. « Bien sûr, il en a toujours été ainsi entre les générations mais le phénomène est exacerbé par la rapidité actuelle des changements et la durée interminable de la vieillesse. »

Yvonne s'interroge sur l'intérêt que la génération de ses petits-enfants peut porter à ce qu'elle voudrait transmettre. Son expérience de vie, au fil des échecs, des souffrances, des succès, des pertes. Elle voudrait témoigner de cette dynamique de la vie, de tout ce qu'elle a appris à travers les deuils, la conscience de la valeur de la vie, de l'amour, l'importance du présent, puisque tout est éphémère. « Peut-être que la principale chose que nous pouvons transmettre à nos petits-enfants, c'est s'efforcer de tenir notre place dans la chaîne des générations, ne pas hésiter à faire entendre notre voix. »

Nous sommes touchés, enfin, lorsque nous l'entendons parler de cette responsabilité qu'elle assume : prendre les devants pour ne pas être une charge pour ses enfants. À soixante-dix ans, elle s'est inscrite dans un foyer-logement, une structure qui, dit-elle, permet de mener sa vie comme on le veut et de bénéficier du support d'une collectivité et d'un personnel administratif qui vous entoure et vous aide le cas échéant. Elle a attendu trois ans avant de pouvoir intégrer le foyer-logement de sa commune. « Il me semblait qu'ainsi je soulageais mes enfants qui, habitant loin, me savaient sous bonne garde nuit et jour. » Ce choix implique néanmoins d'accepter d'être devenu vieux. Cette responsabilité concerne aussi les étapes à venir : « Un jour il faudra peut-être quitter ce foyer-logement pour un établissement médicalisé, un jour il faudra renoncer à conduire avant d'être un danger sur la route, mener une vie à la mesure de ses forces et aussi envisager sa mort, paisiblement. »

Une impression de tristesse se dégage cependant de ce témoignage. Il y a une forme de dépression qui accompagne le moment où l'on réalise que l'on est passé du côté des « vieux ». Un jour, quelque chose, une sensation, une perception ou un événement plus grave nous le font sentir de manière irrémédiable. Ce peut être l'accentuation des rides, la perte des cheveux, l'apparition de taches sur la peau, une difficulté à grimper sur un escabeau, à lacer ses chaussures, la baisse de la libido, la disparition du désir dans le regard d'autrui, une personne qui nous cède sa place dans l'autobus. Cette fois-ci, cette prise de conscience s'impose. Elle nous fait basculer dans une perception nouvelle de notre vie. D'un certain point de vue, cela ressemble à un naufrage. On peut être tenté de faire comme si l'on ne vieillissait pas, de continuer à s'habiller comme les plus jeunes, ne pas tenir compte de la diminution de ses forces physiques, banaliser ses troubles de la mémoire, de la vue, de l'oreille. Ce déni du vieillissement n'aide pas à bien vieillir. D'autres deviennent hypocondriaques, ne parlent plus que de leur santé, obnubilés qu'ils sont par elle. Certaines personnes, en vieillissant, se plaignent sans cesse ! C'est de toute évidence insupportable pour l'entourage ! D'autres, enfin, régressent, adoptent un comportement infantile ou se replient sur elles-mêmes. Mais on peut aussi vieillir avec intelligence, accepter ce que l'on ne peut pas changer, et se tourner vers tout ce qui reste à découvrir.

Car cette dépression est bénéfique. Elle est une étape nécessaire pour que nous mûrissions et puissions accéder à quelque chose de nouveau. Comme dans tout processus de deuil, cela passe par un état de tristesse et de retour sur soi, mais cet état n'a rien de pathologique. Il s'agit d'une intériorisation pour aller puiser en soi les forces vives de l'âme. Car le désir est toujours là. Notre énergie vitale nous pousse toujours vers l'avant, cherche toujours du nouveau, et cela jusqu'au dernier jour.

Carl Gustav Jung nous offre un modèle qui nous permet de comprendre ce cheminement de la vieillesse. Dans la première moitié de la vie, l'individu doit s'affirmer, se construire, réaliser ses ambitions. Il le fait généralement dans l'ignorance de ce qui le fonde, de son être le plus intérieur. Il le fait parfois au détriment de sa liberté d'être. On comprend alors qu'en entrant dans son troisième ou quatrième âge, parallèlement aux deuils inévitables qu'il doit faire de sa jeunesse, de ses forces physiques, de son rôle dans la société, de ses performances professionnelles, il puisse se découvrir une liberté et une vie intérieure nouvelles. Celles-ci sont au service d'une nouvelle croissance, d'une transformation. Sans doute se transforme-t-on, mûrit-on tout au long de son existence, mais la transformation qui accompagne la dernière trajectoire de la vie est un accomplissement. Comme le disait Michel de M'uzan[1], il s'agit de « se mettre complètement au monde avant de disparaître ». Cela peut prendre plusieurs dizaines d'années, comme quelques jours. S'accomplir, c'est réaliser ce que l'on est profondément, permettre à son Soi, à son être essentiel, de se manifester. C'est donc avant tout un travail de conscience.

La seconde partie de la vie a donc un but plus spirituel. Elle est caractérisée par le « processus d'individuation », un processus au cours duquel le Moi, qu'on pourrait aussi appeler l'homme

1. Michel de M'uzan, *Le Travail du trépas. L'art et la mort*, Paris, Gallimard, 1977.

extérieur, « se sacrifie » au Soi, à l'homme intérieur. C'est bien le Moi, l'ego, l'homme extérieur qui vit cette « descente ». Le Soi, lui, au contraire, continue sa progression. Seules les personnes âgées qui vivent cette mutation peuvent comprendre la phrase de saint Paul aux Corinthiens : « Tandis que notre homme extérieur s'en va en ruine, notre homme intérieur se renouvelle de jour en jour. » En écoutant sœur Emmanuelle et Stéphane Hessel, nous savons que cela est possible. Lorsqu'on affirme que la vieillesse n'est pas uniquement un naufrage mais une croissance, cela ne concerne évidemment pas une réalisation dans le monde extérieur, mais la maturation intérieure. Le sens de la vieillesse n'est pas la performance, mais la maturité.

Bien des personnes continuent à vivre sur un mode d'extraversion et entretiennent un « faux self », c'est-à-dire une personnalité construite sur des compromis qui vont parfois à l'encontre de la personnalité profonde. Elles essaient de vivre l'« après-midi de la vie » en suivant la « charte du matin ». Elles courent alors le risque de passer les dernières années de leur existence cramponnées désespérément à de vieux schémas et d'anciennes idées, en caricature rigide de ce qu'elles ont été : « La vérité du matin sera l'erreur du soir[1]. »

On comprend alors le sens ontologique et spirituel de cette dépression inéluctable qui accompagne le processus du vieillissement. Elle

1. *Rester jeune, c'est dans la tête, op. cit.*, p. 86.

enseigne l'humilité et la sagesse. Comme dans la « nuit obscure de l'âme » de saint Jean de la Croix, c'est à une mort de la part égotique de nous-mêmes que nous assistons. L'homme extérieur est écorné, cela fait mal, cela est inacceptable, c'est humiliant. Notre âme est agitée de tremblements et d'angoisses. Cette dépression, nous y avons droit : « Il me semble qu'on a alors le droit de se sentir et de demeurer petit face à cela, à l'instar des enfants pour qui les pleurs, la faiblesse, constituent le moyen de retrouver un équilibre après un incident perturbant[1]. »

Une fois la dépression traversée, une force intérieure insoupçonnée se manifeste. Car si le vieillissement biologique est inéluctable, si le corps change, l'homme intérieur n'est ni altéré ni concerné par le vieillissement. Il continue à évoluer, à progresser. Mais pour cela il faut accepter le réel, adhérer au réel : plus aucune compromission n'est possible entre ce qu'on aimerait être et vivre, et ce que l'existence nous propose. Il faut beaucoup de courage et de lucidité pour y arriver.

La vieillesse trouve ainsi son sens dans l'accomplissement d'une vie. Elle représente à la fois le couronnement d'une vie, son achèvement, mais aussi l'espace psychospirituel propice à son ultime résolution, car ce qui n'a pas été accompli en son temps, dans le passé, se trouve toujours déposé en elle, en attente d'être réalisé. « Chacun

1. Hermann Hesse, *Éloge de la vieillesse,* Paris, Le Livre de poche, 2000.

a en lui l'image de ce qu'il doit devenir. Tant qu'il ne l'a pas réalisé, son bonheur n'est pas parfait », dit Angelus Silesius. Le sens du vieillissement est de parfaire son être. Ne cherchons-nous pas toute notre vie ce « quelque chose » qui, depuis l'être, nous cherche, nous cherche sans relâche ? « Ce que nous cherchons, c'est ce qui, de tout temps, nous a toujours cherché du plus profond de notre être, afin de nous emplir », écrit Graf Dürckheim[1], qui se demande si nous ne cherchons pas à faire l'expérience de la transcendance qui nous est immanente. « Cette transcendance immanente à laquelle il importe de s'ouvrir, parce qu'elle est la force qui structure notre humanité, n'est pas quelque chose d'informe, un vague sentiment ; elle cherche à prendre corps, à s'incarner dans une forme très précise qui, par sa manière d'être présente, de se manifester, d'apparaître, traduit ce qu'elle est effectivement. »

Une vie accomplie est une vie apaisée. C'est pourquoi il est si important de mettre de l'ordre dans sa vie avant de quitter la scène du monde, de faire le bilan.

Il est possible que l'entrée dans la démence sénile ait un lien avec le fait de ne pas être en paix avec son passé. « Le malheur du dément, c'est d'être pris entre une tâche résolutive ancienne trop importante pour lui et une angoisse fondamentale de la mort qui ne lui permet pas d'aller de l'avant. Pris entre un passé trop lourd et un

1. Karlfried Graf Dürckheim, *L'Expérience de la transcendance,* Paris, Albin Michel, coll. « Spiritualités vivantes », 1994.

avenir trop angoissant et incertain, il quitte peu à peu la scène du monde en s'enterrant vivant[1]. »

C'est un fait, tout ce qui reste en suspens dans notre histoire, les affects refoulés, les conflits non réglés, entrave notre développement. Et si nous ne nous réconcilions pas avec notre histoire, nous viendrons grossir le flot de plus en plus important des personnes démentes en fin de vie.

Il faut donc faire sa pelote, défaire l'écheveau de sa vie, la relire, événement après événement. Défaire les nœuds les uns après les autres. Il s'agit de se libérer des entraves d'un passé douloureux, de se pardonner ses échecs. C'est un vrai travail intérieur. Peut-on aller jusqu'à dire que l'on vieillit mieux lorsqu'on a fait une psychanalyse ou une psychothérapie ? Je le pense. Dans la mesure où ce travail sur soi revient à accepter le réel avec ses limites. Les émotions, qui sont toujours le signe d'une difficulté à accepter ce qui est, sont reconnues, accueillies et travaillées dans le cadre de ces thérapies, et la personne en sort apaisée et avec un recul plus grand sur la vie.

En tant que thérapeute, j'ai constaté combien l'être humain refoule ses émotions, le mal qu'il a à les exprimer naturellement. Soit il les dénie, soit il les sous-estime, soit il les combat. Ces émotions mises au placard depuis l'enfance sortent parfois brutalement dès lors que la vulnérabilité de la vieillesse leur ouvre la porte. On assiste alors à un débordement d'affects trop longtemps retenus.

1. Gérald Quitaud, *Vieillir ou grandir ?*, Escalquens, Dangles, 2004, p. 69.

Ce torrent d'émotions peut être incontrôlable et la personne s'effondre devant les coups de butoir de l'âge. Devant tant d'intempestive excitation, la personne âgée somatise, ou bien son esprit se dérobe, comme c'est le cas dans la démence, ou bien encore, elle tombe dans une plainte continuelle en quête d'une impossible consolation.

Quand l'heure du bilan a sonné, remonte des profondeurs tout ce qui est resté en suspens, tout ce qui n'a pas pu se vivre ou n'a pas été tenté. Lorsque tout ce qui donnait sens à la vie s'écroule, l'« ombre[1] » surgit sous forme d'amertume, de susceptibilités, de plaintes geignardes. « De nombreuses infirmités sont, chez la personne âgée, l'expression d'un refoulement, d'une somatisation de choses retenues depuis des décennies... des sentiments coupables, des agressions, des désillusions, des larmes non versées, des accès de colère refoulés. » Tout ce vécu bloque alors l'individu sur la voie de la profondeur de son être « en laquelle il pourrait trouver cette Plénitude qui lui est promise en tant qu'homme[2] ».

Il nous faut alors faire face à nos regrets et nos remords : « j'aurais pu », « j'aurais dû » ! Si l'on ne s'y prend pas trop tard, on peut encore à la soixantaine faire ce bilan et réaliser certains désirs ou certains projets qui tiennent à cœur. Il est important de travailler à avoir le moins de regrets possible. Quant aux remords, on sait à

1. Concept forgé par C. G. Jung pour désigner la profondeur non vécue de l'être.
2. *L'Expérience de la transcendance, op. cit.*, p. 139.

quel point ils rongent l'âme des personnes âgées. La culpabilité longtemps refoulée revient à la surface, entraînant une dévalorisation de soi, une perte d'estime de soi. C'est un des aspects possibles de la psychogenèse démentielle. « Je me "démentialise" pour ne plus affronter mon image insupportable[1]. » Il faut réussir à faire la paix avec soi pour qu'une restauration narcissique soit possible.

Mon expérience de thérapeute m'a, en effet, appris qu'une fois l'« ombre » intégrée, c'est-à-dire reconnue et prise en compte, l'individu accède à une expérience de l'être qui lui procure un vrai sentiment de plénitude. Combien de fois ai-je aidé des personnes âgées à entrer en relation avec les forces de l'« ombre » ! Je leur proposais alors de coucher sur le papier les situations conflictuelles qui restaient en suspens et leur oppressaient le cœur. Pouvoir librement transcrire ce qui accable de culpabilité, remplit de colère ou fait jeter un regard désenchanté sur le passé, tout exprimer avec une absolue sincérité apporte un soulagement profond, une réelle libération. Mes patients ne me lisaient pas toujours ce qu'ils avaient écrit, car je respectais leur intimité. Et, à vrai dire, ce qui les libérait était juste le fait d'avoir pu écrire. Mais souvent ils tenaient à ce que je sois témoin de tout ce qui faisait barrage à leur désir de plénitude. Je retrouvais toujours les mêmes situations, un père terrifiant et inaccessible, absent ou injuste, une mère

1. *Vieillir ou grandir ?, op. cit.*, p. 84.

froide et rejetante, ou au contraire dévorante, possessive et trop présente, un frère ou une sœur sadique, un maître d'école abusif, bref, toujours des situations qui ont empêché d'être soi et de s'épanouir librement. Certaines lettres s'adressaient à des personnes qui n'étaient plus de ce monde, et pourtant elles restaient présentes et agissantes dans l'inconscient de mes patients. Une fois libérés, ces derniers pouvaient alors aller à l'essentiel.

« Vieillir est la plus solitaire des navigations », nous dit Benoîte Groult. Travailler à vieillir implique donc d'assumer une forme de solitude. Je dis bien de solitude et non pas d'isolement. Car nous savons maintenant à quel point l'isolement peut être à la source d'une tristesse et d'un repli sur soi, qui conduisent tout droit à la mauvaise vieillesse.

La solitude dont il va être question maintenant est au contraire le signe d'un vieillissement joyeusement accepté. « La solitude est un cadeau royal que nous repoussons parce qu'en cet état nous nous découvrons infiniment libres et que la liberté est ce à quoi nous sommes le moins prêts », écrit Jacqueline Kelen.

Dans son livre *L'Esprit de solitude*[1], elle distingue la solitude triste, souffrante, des personnes âgées abandonnées, oubliées, mises à l'écart, qui serait plus exactement un isolement, de la solitude

1. Jacqueline Kelen, *L'Esprit de solitude,* Paris, Albin Michel, 2005.

« belle et courageuse, riche et rayonnante, que pratiquèrent tant de sages, d'artistes, de saints et de philosophes ». En la lisant, je me demande pourquoi en vieillissant nous ne pourrions pas avoir accès à cette « solitude magnifique ». Au lieu de nous enfermer sur nous-mêmes, de nous replier, pourquoi n'irions-nous pas à la rencontre de nous-mêmes, pourquoi ne prendrions-nous pas du recul, de la hauteur ?

Regardons autour de nous. Tant de personnes âgées sont isolées parce qu'elles ont fait le vide autour d'elles. C'est leur égocentrisme aigu et non l'indifférence des autres qui est en cause. Elles ne cessent de geindre, de se plaindre, d'être obsédées par elles-mêmes. Ces « mauvaises solitudes » conduisent à la tristesse, au ressassement, à la désespérance.

Peut-être est-il trop tard, à soixante-quinze ans, pour habiter sa solitude avec joie quand on ne l'a pas construite plus tôt ?

Une autre solitude est possible. À la fois remplie et légère, elle ouvre, rend disponible et relie. Cette solitude-là est ontologique, car elle n'est possible que si l'on a contacté son noyau d'être. Par noyau d'être, j'entends « ce qui est indestructible, souverain, inattaquable en moi. Certains disent l'Esprit[1] ». Souvenons-nous du témoignage de sœur Emmanuelle. Lorsqu'on est en contact avec l'Esprit en soi, alors on ne se sent plus jamais isolé, coupé.

Notre génération devrait apprendre à « habi-

1. *Ibid.*, p. 22.

ter avec soi ». On fait tout l'inverse. Personne ne nous apprend à être seul. Et cela, dès l'enfance. Toute notre éducation, qu'elle soit dispensée par la famille ou par l'école, vise à ne jamais laisser l'enfant dans le silence, face à lui-même. On l'oblige à jouer avec les autres, à faire partie d'une équipe sportive, on le met devant la télévision. S'il s'isole, on s'inquiète. Explorer son jardin intérieur n'est pas bien vu. Comment s'étonner alors que, adulte, la personne soit si dépendante des autres, n'ait jamais appris à compter sur elle, à se connaître, à se faire confiance ?

La solitude est vécue comme un fléau. Nous en avons une vision pathologique. Il faut donc à tout prix y remédier. Elle est traitée comme une maladie avec des tranquillisants, alors que c'est une expérience qui ouvre sur la liberté, sur des ressources insoupçonnées, des énergies latentes endormies. La personne humaine est beaucoup plus capable qu'on ne le croit d'assumer cette solitude-là, de l'affronter et de la vivre comme une expérience initiatique.

Ainsi abordée, l'épreuve de la solitude est susceptible de provoquer un éveil, une prise de conscience. Bien sûr, elle décape, dépouille, mais elle révèle le fond de l'être qui est d'or : « Le fond de l'être est joie, légèreté, fraîcheur, mais il fallait désencombrer la source, quitter les oripeaux, abandonner le "vieil homme", ses souffrances et ses certitudes[1]. »

1. *Ibid.*

Le cœur ne vieillit pas

« Quand vient l'âge mûr, l'homme rajeunit. C'est ce qui m'arrive à présent[1]. »

Je me souviens de Michel, ce vieil ami de quatre-vingt-cinq ans, ancien pneumologue, veuf, passionné de morphopsychologie, l'œil vif. C'était un vieux monsieur charmant. Nous déjeunions souvent ensemble au Pied de cochon, une brasserie qu'il aimait. Le temps passait à toute vitesse car il avait le don de capter votre attention et le don d'écouter les autres. Face à lui, j'étais comme fascinée par la flamme « amoureuse » dans son regard. Il était incontestablement de la race des amoureux. Amoureux de la vie, de la nature, des femmes. Il dessinait remarquablement. Une nuit, alors que nous logions dans le même gîte en Dordogne, à l'occasion d'un séminaire que je donnais dans un centre bouddhiste sur le thème du « mourir », il glissa sous ma porte un dessin qu'il venait de faire dans le silence de sa chambre. Une barque dérivant sur l'eau, au clair de lune. Le dessin était accompagné d'un poème plein

1. *Éloge de la vieillesse, op. cit.*

de nostalgie et de tact. J'étais touchée et intriguée par ce romantisme chez un homme aussi âgé. Le lendemain matin, au petit déjeuner, je le remerciai, puis j'ajoutai : « Quel homme romantique vous êtes resté ! » C'est alors qu'il me fit cette remarque : « C'est terrible d'être vieux dans le regard des autres, lorsqu'on a le sentiment d'avoir toujours dix-huit ans ! » Son cœur, disait-il, était resté jeune. Il avait les émotions d'un jeune homme, les mêmes élans. C'est bien ce que je percevais dans ses yeux qui, si tout le reste de son corps avait flétri, eux n'avaient pas bougé. Des yeux pleins de malice, de joie, de vie et d'étonnement.

J'entendais alors dans la bouche de ce vieil ami ce que j'entends chez la plupart des octogénaires que je connais. Ils ne se sentent pas vieux du tout ! Ils se donnent en moyenne dix ans de moins que leur âge et s'attribuent plus de temps à vivre qu'il ne leur en reste.

Mon ami Michel, lui, disait souvent qu'il avait le sentiment d'avoir l'éternité devant lui. En fait, il est mort peu de temps après l'épisode que je viens de raconter, d'une embolie pulmonaire, un jour de Noël.

Christopher, mon ex-mari, va atteindre l'âge de quatre-vingts ans. Il lui arrive d'écrire des poèmes. L'un d'eux témoigne de cette jeunesse de cœur que tout le monde lui reconnaît. Lui-même avoue avoir parfois l'impression qu'il a toujours dix-sept ans. Voilà ce qu'il écrit : « Bien sûr il y a des choses que je ne peux plus faire/mais d'autres que je peux et ne pouvais naguère/Tout a une fin, ma vie comme le reste/Peut-être demain, ou au détour du chemin./ Pour l'heure il me semble que j'ai tout le temps/Pour aimer, pour bénir tous ceux qui m'ont rendu heureux,/Amour d'un instant ou amour pour longtemps/Je les garde au tréfonds de mon cœur apaisé./Toujours ils me parlent de l'art d'aimer. » Et il termine ainsi : « J'ai de la chance ! »

Jolie façon de dire que la vieillesse ne peut se réduire à une série de pertes et d'amoindrissements. Jolie façon de dire qu'elle apporte des choses nouvelles. D'autres, plus célèbres, ont dit en leur temps : « Je sens que je deviens jeune dans ma vieillesse. Je sens sous le vieil être exister une vie[1]. » Ou bien : « Je sais bien que je ne vieillis pas et que je grandis au contraire ; et c'est à cela que je sens l'approche de la mort. Quelle preuve de l'âme ! Mon corps décline, ma pensée croît ; dans ma vieillesse, il y a une éclosion[2]. »

Voilà le paradoxe. Lorsqu'on travaille à vieillir, comme nous venons de le montrer, on accède à la vraie jeunesse, la jeunesse émotionnelle, la jeunesse du cœur.

Celui qui vieillit et prête attention à ce phénomène peut observer comment, malgré la dispa-

1. Évariste Boulay-Paty (1804-1864) n'a pas encore soixante ans lorsqu'il écrit cela, mais il ne faut pas oublier qu'à l'époque où il vivait, la moyenne d'âge était de trente-cinq ans.
2. Victor Hugo, *Correspondance*. Cité par Simone de Beauvoir, in *La Vieillesse*.

rition des forces vitales et de certaines facultés, une existence agrandit, multiplie le réseau infini de ses connexions, de ses entrelacements, et ce jusqu'à la fin.

Ce sentiment de rester jeune, de ne pas se sentir vieux du tout, qui domine chez bon nombre de personnes de plus de quatre-vingts ans, témoigne d'un phénomène que le philosophe Robert Misrahi explique très clairement.

C'est dans le cadre du séminaire sur le grand âge, organisé par la fondation Esai, que je l'ai rencontré. Ce petit homme, tout en rondeur, avec de grands yeux qui lui mangent le visage, est un spécialiste de Spinoza. Il n'a cessé, au fil des séances auxquelles il participait, de soutenir une vision dynamique de la vieillesse, afin de nous inviter à changer le regard que nous portons sur elle.

Conscient d'aller à l'encontre de la vision la plus courante, celle du délabrement existentiel, il déplore que l'individu d'aujourd'hui, angoissé par les signes du vieillissement et l'approche de la mort, renonce « à la fécondité du temps[1] », et se désespère parfois à mourir de ne pas mourir.

« Il y a là une conscience malheureuse du vieillissement... Le sujet, à proprement parler, ne vit plus sa vie, il vit sa mort. À ses yeux plus rien n'est valable, sa vie même est sans valeur[2]. »

Il se demande alors si la vieillesse vaut encore la peine d'être vécue, si la vie garde encore un

1. Robert Misrahi, « Conversion et temps vécu », in *Penser le temps pour lire la vieillesse,* Paris, fondation Esai/PUF, 2006.

2. *Ibid.*

sens pour le grand âge, si elle vaut qu'on la prolonge toujours plus.

Insistant sur cette expression magnifique : la « fécondité du temps », notre philosophe affirme que, contre toutes les apparences, la personne âgée peut rester désirante, dans un élan vital, un vouloir-vivre, même quand l'avenir se dérobe. La vieillesse peut être une ouverture, et non pas une fermeture.

C'est une perspective que je ne cesse de défendre tout au long de cet ouvrage, forte des témoignages que j'ai reçus. Lorsque j'entends Robert Misrahi nous rappeler que le grand âge peut être aussi vécu par certains individus et certains peuples « dans une sérénité confiante et dans une patience rassérénée » et que « ce qui est possible ailleurs peut être réel ici, ce qui était réel jadis peut être vrai demain[1] », je sais que cette vision-là de la vieillesse doit être affirmée et défendue.

C'est toute la question du désir qui est posée. Robert Misrahi récuse cette vision pessimiste du désir, légitimée par la psychanalyse comme quête éperdue, vouée à l'échec et au manque. « Le désir n'est pas, comme on le dit trop souvent, le règne de l'impossible[2] », affirme-t-il. Il est au contraire un dynamisme visant la joie et la relation à l'autre comme reconnaissance réciproque. « Si l'essence de l'homme est le désir, alors la poursuite de la joie est sa vocation. »

1. *Ibid.*, p. 44.
2. *Ibid.*, p. 49.

On peut alors jeter sur le « vieillir » un tout autre regard. Le vécu du « vieillir » dépend d'abord des contenus de la conscience, nourris par la culture ambiante, les valeurs, les croyances propres à chacun. Du fait même de leur autonomie, ces contenus de la conscience peuvent changer ou être améliorés. Si une personne âgée, par exemple, s'enfonce dans une forme de renoncement au désir, cette négation de la conscience, source de souffrance, peut être modifiée. Elle peut la combattre.

Mais le désir est en même temps toujours « placé devant l'autre ». Il y a une « sorte de spécularité », affirme le philosophe. L'autre, par le regard qu'il pose sur la personne âgée en quête de réciprocité et de reconnaissance, se doit de rendre possible « le passage du négatif au positif[1] ».

Robert Misrahi en appelle à la responsabilité d'autrui. À celle de la médecine, plus précisément à la gérontologie. À elle de « travailler au meilleur maintien possible des forces de vie puisque la joie d'exister est le bien absolu ».

Mais si la médecine peut restaurer les forces vitales, elle ne peut, à elle seule, changer la conscience. N'est-ce pas à la société dans son ensemble à opérer une mutation de son regard sur la vieillesse, et à prendre ses responsabilités ? C'est-à-dire à chacun d'entre nous, puisque nous sommes tous concernés par cette problématique ?

1. *Ibid.*, p. 57.

Misrahi réclame une « conversion de l'esprit », un changement, une mutation si complète de la conscience de vieillir qu'on pourrait parler à son propos d'un véritable recommencement. On peut renaître à la vie lorsqu'on est très âgé, même si l'univers s'est rétréci, même si les rythmes de la vie sont ralentis.

« Au lieu de saisir sa vieillesse comme déchéance, isolement et fin, le désir-sujet peut désormais se percevoir comme le mouvement serein et fécond d'une nouvelle vie. Après des soins efficaces et surtout après une sorte de rééducation « psychologique » et philosophique, le sujet âgé peut entrer dans une nouvelle période existentielle qui, avec la présence et la chaleur active de l'entourage et des êtres aimés, vaudra comme réveil et comme surgissement d'un nouvel élan et d'un nouveau désir d'être[1]. »

J'ai entendu Robert Misrahi défendre avec force cette idée que l'on devrait apprendre aux vieux à vieillir. Les « ré-éduquer » ! Leur enseigner que la vieillesse n'est pas un naufrage mais l'occasion d'une véritable renaissance. Il imagine cette « ré-éducation » à trois niveaux. Celui de la créativité, de la joie et de la sérénité face à la mort.

Tout cela peut s'enseigner. Et plutôt que d'investir tant d'énergie dans des animations, avec des flonflons et des semblants de fêtes qui ne visent qu'à « combler l'ennui d'un temps vide et passif », mieux vaudrait, dit-il, inviter les « sujets âgés » à voyager

1. *Ibid.*, p. 60.

en esprit, penser leur vie, écouter de la musique, lire, écrire, contempler, découvrir des œuvres d'art, marcher, méditer. Bref, les inviter à vivre ! Certains psychologues le font dans les maisons de retraite. Ils dénichent la vie là où elle s'est blottie, là où elle existe encore. « Avec les personnes très âgées, nous n'avons pas d'autres choix que de jouer aux pêcheurs de vie avec nos épuisettes à petits bonheurs. L'essentiel de notre travail consiste peut-être à surprendre les gens avec ce qu'ils n'osent plus espérer[1] », écrit l'un d'entre eux.

Peut-on apprendre à soixante, soixante-dix ou quatre-vingts ans à libérer une créativité enfouie lorsqu'on ne l'a pas fait plus tôt dans la vie ? Oui ! Il n'est jamais trop tard pour aller à la rencontre de soi-même, pour libérer les sentiments ou les émotions que l'on a toujours tenus prisonniers. Il n'est jamais trop tard pour développer sa créativité, retrouver son âme d'enfant, faire confiance à son intuition. Maud Mannoni, évoquant la vieillesse de son époux, écrivait : « La vieillesse, c'est un état d'esprit. Il y a des vieux de vingt ans et des jeunes de quatre-vingt-dix ans. C'est une affaire de générosité de cœur, mais aussi une façon de garder en soi suffisamment de complicité avec l'enfant que l'on fut. »

J'admire la façon dont certains « animateurs » aident les âgés à retrouver leur âme d'enfant.

Ainsi Yves Penay, homme de théâtre et metteur en scène, anime depuis plusieurs années des ateliers-théâtre pour des personnes âgées. Une

1. *La Vie en maison de retraite*, *op. cit.*

douzaine de personnes entre soixante et quatre-vingt-cinq ans se retrouvent toutes les semaines, dans chacun de ses ateliers. Ce sont principalement des femmes. Au départ, la motivation est essentiellement de travailler sa mémoire. Et puis, très vite, chacun comprend que l'enjeu est bien plus important. Yves leur propose, à travers des scènes de son répertoire théâtral, d'explorer aussi authentiquement que possible les multiples facettes de leur personnalité. Travail passionnant. Il voit arriver des personnes assez inhibées, qui découvrent, au fil des séances, des ressources qu'elles ignoraient. L'une, ancienne secrétaire de direction, prend un plaisir inouï à jouer le rôle d'une reine, une autre, sage mère de famille, découvre les profondeurs de la passion. Il assiste ainsi à un véritable épanouissement, à un élargissement de l'éventail des émotions. Rien de tel pour rester vivant !

Lorsqu'il a commencé cette expérience, Yves a retrouvé chez ces personnes du troisième et du quatrième âge la fraîcheur et la disponibilité de ses élèves adolescents. « Ils sont dans une forme physique incroyable, et comme ils n'ont plus de responsabilités professionnelles ou familiales, qu'ils ont leur temps, on dirait qu'ils ont la vie devant eux ! m'explique-t-il. – Sont-ils assidus ? – ai-je demandé. – Oui, comme je leur propose une représentation tous les six mois, à laquelle ils invitent leurs amis, ils viennent à l'atelier, même lorsqu'ils sont malades, et je me souviens d'une personne qui est venue avec ses béquilles après une mauvaise chute. »

« Je leur répète souvent la formule de Sarah Bernhardt : “Quand même !”, et cela les stimule. En effet, Sarah Bernhardt a joué jusqu'à l'âge de soixante-quinze ans, et l'on sait que son interprétation de *L'Aiglon* a été un triomphe. L'âge n'a plus aucune importance lorsqu'on joue avec cœur et passion ! »

Il s'agit ensuite, suggère Misrahi, d'enseigner une nouvelle sagesse. Non pas une résignation stoïcienne, mais un nouveau regard sur la vie qui s'achève. « La vie humaine n'est pas condamnée à la souffrance[1] », affirme-t-il, mais destinée à la joie, au bonheur, à la sérénité. Le présent doit être vécu pour lui-même. Un présent de plénitude. Pour qu'il se réjouisse du présent, le sujet âgé devra « retrouver son pouvoir d'enchantement et d'admiration ». Par l'ouverture à l'enchantement, « le grand âge, s'il est converti à la vie, peut donc fort bien faire du présent une jouissance ».

J'ai beaucoup médité cette parole de Spinoza : « La jouissance du présent ne cesse d'étoffer le temps. » Toutes les joies et les œuvres de notre vie se poursuivent. D'autres joies viennent, dont notre cœur vibre, nous donnant le sentiment d'être pleinement vivant. Comment comprendre l'affirmation célèbre du philosophe : « Nous expérimentons que nous sommes éternels », sinon comme une expérience inouïe d'une éternité qui ne serait pas un au-delà dans le temps, mais un au-dedans de plénitude ?

1. *Ibid.*, p. 58.

En avançant en âge, réjouissons-nous de vivre encore, et ne nous lamentons pas d'approcher la mort, voilà le conseil sage que nous donne Robert Misrahi. Inspirons-nous des vieillards rayonnants que nous connaissons pour cultiver notre capacité à éprouver de la joie, de l'émerveillement et de la gratitude. Ne nous occupons plus des transformations de notre corps et de notre image, et laissons vivre ce qui ne vieillit pas. « Voilà l'ultime don de celui qui atteint le grand âge : communiquer "un message de joyeuse maturité" à ceux qui vivront encore, et qui, lorsqu'ils seront vieux à leur tour, ne manqueront pas de se souvenir qu'il est une façon de vieillir qui ne pèse pas sur l'entourage mais au contraire l'aide à vivre. »

Robert Misrahi indique par là même ce que nous pouvons transmettre aux jeunes générations, l'image d'une génération heureuse de vieillir et de s'accomplir. Propos audacieux que de nous appeler, nous qui entrons dans le troisième ou le quatrième âge, à vivre cette « entreprise de renaissance ». Elle ne réussira que si nous restons en lien avec autrui, que si nous recevons de l'amour, que si nous en donnons. L'importance de la chaleur humaine sincère, et non convenue, de la tendresse, de la bienveillance, dans la réussite de cette entreprise n'est plus à démontrer.

Cette éducation à la vieillesse heureuse que Misrahi appelle de ses vœux semble s'être déjà mise en place par endroits. Le philosophe Bertrand Vergely est de plus en plus sollicité par des associations culturelles de retraités qui ont du temps à consacrer à la réflexion philosophique. Lorsque je suis allée l'écouter, dans le cadre des « Mardis de la philosophie », ou bien lors de la superbe conférence qu'il a donnée à la mairie du VIe arrondissement[1], sur « le sens de la vie », c'est sans surprise que j'ai constaté que l'assistance était composée pour 80 % par des seniors, et en majorité par des femmes. La salle était pleine à craquer, et, sur les visages attentifs, on lisait un plaisir réel, presque une jubilation. Cette affluence et le succès qu'il a remporté plaident en faveur du désir, peut-être nouveau, de penser sa vie. Nouveau, oui, comme le constate Gilles Deleuze : « Quand vient la vieillesse, et l'heure de parler concrètement » il y a une question : « Mais qu'est-ce que c'était, ce que j'ai fait toute ma vie ? » que l'on se pose « dans une agitation discrète, à minuit, quand on n'a plus rien à demander. Auparavant on la posait, on ne cessait de la poser, mais c'était trop indirect ou oblique, trop artificiel, trop abstrait, et on l'exposait, on la dominait en passant plus qu'on n'était happé par elle[2]. »

Il y a enfin un troisième enseignement que Misrahi souhaite voir se développer auprès des personnes qui vieillissent. Un enseignement qui concernerait « un nouveau rapport à la mort ».

1. Conférence organisée en janvier 2007. Le texte de la conférence est diffusé par l'association La Traversée, 12, rue Saint-Sulpice, 75006 Paris.

2. Gilles Deleuze, Félix Guattari, *Qu'est-ce que la philosophie ?*, Paris, Minuit, 1991.

La mort n'est pas une échéance tragique. Tant qu'elle sera perçue comme une catastrophe, venant mettre un terme à une vie qui devrait durer toujours, elle paraîtra absurde et scandaleuse. « Une mort sans raison, parce qu'elle casserait et annulerait toujours quelque action que ce soit, enlèverait rétroactivement à la vie toute signification possible. » Il faut donc inverser le regard sur la mort. Au lieu de considérer sa propre fin comme l'élément primordial de son existence, il faut la considérer comme un élément inévitable mais secondaire, « l'essentiel, selon Misrahi, étant de rendre au présent vivant toute son intensité et toute sa richesse ».

Vieillir et jouir encore

« L'assomption d'une nouvelle sexualité, écrit Robert Misrahi, peut éventuellement faire partie d'une embellie du grand âge. »

La sexualité des personnes qui vieillissent est l'un des derniers tabous de notre culture. Nous l'évoquions dans l'interview que m'a accordée Olivier de Ladoucette. Sans doute parle-t-on davantage de celle des hommes, lorsqu'on évoque le désir lubrique de certains vieillards, ou le drame de l'impuissance masculine. De la sexualité des femmes âgées, pas un mot. Comme si, après la ménopause, elles n'étaient plus désirantes et désirables. Nous verrons dans les pages qui suivent qu'il n'en est rien.

Arte a consacré une soirée thématique à la sexualité des personnes âgées[1]. Les hommes et les femmes interrogés dans ce documentaire évoquent leurs désirs et leurs peurs, parlent de leur rapport à leur propre corps et de leur nouvelle approche de l'expérience érotique.

1. *Théma* du mardi 28 novembre 2006, avec le film allemand de Sylvie Banuls et Monika Kirschner : *Plaisirs d'amour entre deux âges.*

Certains avec pudeur et tendresse, d'autres avec humour.

Une femme se plaint de ne plus rencontrer personne. « Je ne comprends pas pourquoi. Les gens me disent : “Tu es encore belle”. La vérité, c'est que je ne rencontre personne, personne. Je ne sais pas si c'est parce qu'on devient plus exigeant. En tout cas, quand un homme me sourit, je me sens vivante. Pour moi, c'est de l'érotisme... Je trouve inhumaine cette norme qui veut qu'une personne ne soit plus digne d'être regardée à partir d'un certain âge, ou d'une certaine quantité de rides. C'est vraiment épouvantable ! » Son propos est confirmé par la psychothérapeute Ulrike Branbdeburg qui trouve la vie sexuelle des femmes âgées très triste. « J'en entends me dire vers soixante ou soixante-dix ans : “Je n'existe plus, je ne suis plus sur la scène de la vie sexuelle. Plus personne ne me remarque !” Alors que les hommes peuvent avoir des érections grâce à des produits nouveaux qui favorisent la virilité, pourquoi ne peut-on dire des femmes qu'elles sont rayonnantes, grisonnantes et sensuelles ? »

Tous ces derniers mois, j'ai regardé les femmes de mon âge, et d'autres plus âgées, avec un regard neuf. Je les ai souvent trouvées belles. Certes leur corps a vieilli, mais elles ont cette beauté émotionnelle que donne la chance d'être restées désirantes. Et c'est peut-être la clef : rester désirantes !

Un des avantages de la maturité est que l'on est plus libre, plus disponible. Liberté de fait, quand les enfants sont élevés et qu'ils ont quitté le nid familial, quand les enjeux professionnels sont derrière soi. Liberté intérieure, quand on ne s'accroche pas à sa jeunesse, et que l'on accepte de vieillir, c'est-à-dire de vivre au présent le temps qui reste.

Les femmes de mon âge sont lucides. Elles savent qu'elles ne sont pas éternelles. Raison de plus pour habiter le présent, habiter leur corps, habiter leur désir. Je les trouve plus sensuelles que jamais. Elles savourent la vie, sans hâte, sans angoisse, et c'est ce qui fait leur charme. C'est ce qui les rend désirables.

On vient de me raconter la rencontre d'une femme écrivain de soixante-treize ans avec un homme vingt ans plus jeune qu'elle. Cette femme est quasiment aveugle. Elle a une passion : la musique. La rencontre a eu lieu au cours d'un voyage de groupe, sans doute lié à ce thème. Comme elle voit mal, cet homme l'a aidée à plusieurs reprises, pour traverser une rue, pour monter ou descendre un escalier. Elle a tout de suite aimé sa main, douce et attentive. Et elle s'est dit : si son sexe est comme sa main, alors... ! Comme elle a un charme infini, on imagine la suite.

Quels sont les ressorts de l'attraction sexuelle d'un homme ou d'une femme âgés ? J'ai conscience d'aborder une question dont personne n'ose parler. Nous sommes tellement fixés sur les normes de la jeunesse que nous peinons à imaginer le jeu amoureux entre un corps encore jeune et un corps vieilli, et plus difficilement encore entre deux corps fanés par l'âge. Quel est-il, ce désir qui ne se nourrit pas de la forme, de la beauté esthétique, mais d'autre chose ? Du plaisir d'être ensemble, dans une connivence des cœurs, de la douceur de la peau, du rythme et de la présence de l'autre, de l'émotion de la rencontre.

Il est temps de tordre le cou à cette dictature esthétique qui impose aux femmes vieillissantes de transformer leurs visages en masques inexpressifs pour soi-disant « faire jeunes » et rester désirables. Je ne pense pas que le visage « lifté » d'une femme de soixante-cinq ans suscite la moindre émotion. Certes les rides sont estompées, la peau est tendue comme celle d'un tambour, mais le visage n'exprime plus rien. Effacées les marques du temps et les traces des joies et des peines qui ont jalonné le chemin ! Qui peut dire honnêtement que le visage lifté est beau ? On sent bien que la beauté tient à autre chose, et ce « quelque chose » est de l'ordre de l'émotion. C'est ce que l'on appelle le charme, une profondeur du regard, une expression des yeux, un éclat du sourire. Le charme ne vieillit pas. L'émotion ne vieillit pas. L'un et l'autre peuvent même gagner en profondeur et en intensité avec l'âge.

Il est temps de les aider au contraire à aimer leur visage vieillissant, à braquer leur projecteur interne sur l'expression de leur regard et de leur sourire plutôt que sur leurs pattes-d'oie, leurs poches sous les yeux ou leurs paupières tombantes. Il est temps de les aider à rendre leur visage vivant, et à reconnaître que cette vie, ce rayonnement est l'essence même de leur beauté.

Cela suppose de cesser de se regarder dans le miroir et d'aller vers des expériences qui font vibrer l'âme, contempler la beauté d'un soleil couchant ou d'un ciel étoilé, s'émerveiller d'un geste de tendresse entre deux personnes qui s'aiment, s'enivrer d'un concert de jazz ou d'un choral de Bach.

C'est donc un éros particulier que celui qui unit l'homme et la femme âgés. Me vient à l'esprit l'expression « joie fondante » de Nancy Huston[1]. Sans doute la femme mûre, la femme âgée se donne-t-elle plus profondément, ouvre-t-elle son corps et son être plus largement. « J'avais l'impression de nager en elle, comme dans un océan », raconte un de mes amis grecs, âgé de soixante-cinq ans, essayant de traduire la sensation délicieuse de bien-être et de vastitude intérieure qu'il éprouve en faisant l'amour à une femme plus âgée que lui.

« Le corps vieillissant d'une femme n'est pas pour moi une image effrayante, témoigne un autre, cela ne m'enlève pas l'envie de faire l'amour avec elle. C'est l'apparence générale, l'harmonie qui s'en dégage qui compte. Qu'elle ait une petite poitrine ou une poitrine tombante, peu importe ! De même, la peau peut être ridée, je m'en fiche si le regard me plaît. Voilà, je vois les choses comme cela. Avec l'âge, la sexualité est plus belle, elle dure plus longtemps, elle est plus érotique. On est plus lent, on a davantage de gestes affectueux, de caresses pour l'autre. Je trouve, en fin

1. Nancy Huston, *Une adoration,* Arles, Actes Sud, 2003.

de compte, que le plaisir est plus intense et plus satisfaisant[1]. »

Pourquoi sommes-nous si frileux lorsqu'il s'agit de parler de la sexualité des personnes âgées ? Ce n'est sans doute pas « érotico-correct » de parler d'une expérience quasi spirituelle, d'une expérience de complétude, de communion, qui dépasse de loin le plaisir-décharge.

« Quand je parle de spiritualité dans la relation amoureuse, c'est par exemple lorsqu'on est tous les deux, lui en moi, dans un état proche de la méditation, sans mouvement, comme reliés à l'univers. C'est un plaisir absolu mais sans jouissance, sans orgasme, le bonheur d'être. C'est comme si tu rencontrais Dieu lui-même... Tout en nous s'ouvre à l'autre et au monde. Un état d'abandon[2]. »

Lorsqu'on vieillit, il semble de plus en plus évident que l'on ne tombe pas amoureux du physique de l'autre, mais de sa présence.

Bien sûr, il y a des femmes qui ne se relèvent pas d'un effondrement narcissique. Comme elles ne s'estiment plus montrables, désirables, elles ont fait une croix sur leur sensualité et leur désir. Elles ne veulent pas « infliger » à un homme la vision de leur corps déformé. Elles ne se supportent plus, tout simplement, et c'est fini. Elles ne feront plus l'amour. Ce renoncement au désir entraîne plus vite qu'on ne l'imagine vers la vraie

1. Émission d'Arte précédemment citée.
2. Cité par Régine Lemoine-Danthois et Élizabeth Weissman in *Un âge nommé désir*, Paris, Albin Michel, 2006, p. 124.

vieillesse, l'absence de joie et de vitalité, la sécheresse du cœur.

Au XVIIIe siècle, à une personne qui lui demandait à quel âge le désir sexuel disparaissait, la Princesse Palatine répondait : « Comment puis-je le savoir ? Je n'ai que quatre-vingts ans ! »

Aujourd'hui cependant, beaucoup croient que les personnes âgées n'ont plus de désir, plus de vie sexuelle. On pense que, même si elles le voulaient, elles ne pourraient plus faire l'amour. Et, si elles le faisaient, ce serait jugé honteux, voire pervers.

Déjà il y a vingt-huit ans, une étude américaine[1] portant sur deux cent deux personnes âgées de quatre-vingts à cent deux ans montrait que 63 % des hommes et 30 % des femmes avaient encore des rapports sexuels, 72 % des hommes et 40 % des femmes se masturbaient et 82 % des hommes et 64 % des femmes avaient des « rapports de tendresse ».

Le film de Deidre Fishel *Toujours actives : la vie intime des femmes de plus de 65 ans* dresse ainsi le portrait de quelques Américaines âgées de soixante-cinq à quatre-vingt-sept ans, qui n'ont pas peur de revendiquer leur droit à une sexualité active.

Ceux qui pensent que les femmes âgées ont renoncé à toute sexualité tombent de haut. On découvre dans ce documentaire que la ménopause ne signe pas la fin de la vie sexuelle, au contraire.

1. De Bretschneider et McCoy, 1980.

Le fait d'être libérée de la contraception, d'avoir élevé ses enfants, libère la femme. On découvre que bien des femmes se lancent dans une relation amoureuse intense après soixante-cinq ans. « J'ai découvert après la ménopause que le désir était toujours présent », affirme l'une d'entre elles. « Je me suis dit que j'étais trop vieille pour faire l'amour et puis je me suis dit que si mon corps en avait envie, c'est qu'il en avait encore l'âge. »

À quatre-vingt-cinq ans, Frances a le bonheur de vivre une relation très intense avec un amant plus jeune qu'elle, le journaliste David Sternberg, rencontré il y a cinq ans. « David est le grand amour de ma vie », dit-elle. Cette relation se poursuit, bien qu'elle ait été obligée d'entrer dans une maison de retraite, après s'être cassé le col du fémur. Cette femme âgée est consciente que la plupart des gens ne voient en elle qu'une vieille femme dans son fauteuil roulant. Pourtant elle continue à faire l'amour : « Quand je fais l'amour, plus personne ne compte, je suis dans mon monde, David est dans le sien et plus rien d'autre n'a d'importance. Dans la maison de retraite, nous n'avons pas beaucoup d'intimité mais on fait ce qu'on peut. On est heureux de ce que l'on peut s'offrir mutuellement. »

La sexologue Betty Dodson, soixante-treize ans, forme elle aussi un couple heureux avec son amant de vingt-six ans, Eric, qui vit avec elle depuis quatre ans. Eric admet que Betty n'a plus le corps d'une jeune fille, mais pour rien au monde il ne renoncerait à sa relation avec cette « femme étonnante » dont il apprécie l'expérience et la capacité à exprimer son désir : « Cela m'a surpris qu'elle soit aussi séduisante à soixante-neuf ans. Je me souviens de la première fois où elle s'est déshabillée. Elle n'avait plus, évidemment, un corps de jeune femme. Cela m'a mis un peu mal à l'aise, mais je me suis dis que j'avais beaucoup à gagner à laisser de côté ces considérations mesquines d'apparence », confie le jeune homme. Et Betty d'ajouter : « Je me suis posé les même questions. Je me suis dit, mon Dieu, il va falloir que je me déshabille, et avec mon corps vieillissant, je vais me retrouver face à un corps jeune et superbe. Il fallait que je me lance. » Eric reconnaît que si Betty avait été mal à l'aise avec l'image de son corps, cela aurait nuit à leur couple. La sexologue de soixante-treize ans nous confirme que toutes les femmes ont à relever ce défi. Elle se bat en permanence pour qu'elles ne baissent pas les bras. « Si on doit vivre dans un monde dans lequel on ne peut avoir de relations sexuelles que si l'on est beau et jeune, c'est affligeant ! Je n'ai jamais été autant en harmonie avec un homme de toute ma vie. Pourtant beaucoup de gens trouvent répugnant que j'aie un amant aussi jeune ! »

Ellen a soixante-huit ans, Dolores soixante-dix. Elles se sont rencontrées il y a trois ans, et Ellen a mis fin à une longue union hétérosexuelle insatisfaisante pour vivre avec Dolores, avec qui elle s'est engagée dans la création de maisons de retraite pour gays et lesbiennes. « Quand les gens se lèvent dans le bus pour nous céder leur place, ils ne se doutent absolument pas qu'au lit nous sommes des bombes ! » s'exclament-elles.

Quant à Ruth, remariée à soixante-neuf ans, cette période de sa vie a été un véritable renouveau. Le mari de Ruth avoue : « La première fois que nous avons fait l'amour, l'âge n'a pas compté du tout. C'était comme un premier amour. »

Elaine, elle, est grand-mère et arrière-grand-mère, et pourtant elle a un amant depuis vingt ans : « L'intimité physique avec quelqu'un apporte autre chose. Ma vie est complète. Cette petite pièce du puzzle fait la différence. »

Seule Freddie, veuve depuis vingt ans, constate qu'il y a peu d'hommes libres de son âge. Elle a renoncé à toute vie sexuelle. « Après la mort de Sydney, j'ai refoulé tous mes désirs sexuels, j'ai essayé de ne plus y penser. Mais parfois ils surgissaient de façon inattendue, intense, et j'étais surprise que ces sensations aient encore autant de force. J'ai regardé autour de moi pour voir s'il y avait des hommes libres, mais j'ai pensé qu'il faudrait que je fasse le premier pas, et je ne suis pas très douée personnellement pour cela. C'était comme si personne ne me regardait. Les hommes semblaient chercher des femmes plus jeunes. » Freddie parle de cette vie sexuelle enfouie comme d'un rêve. Elle se souvient qu'elle a fait l'amour et que c'était bien. Maintenant, elle refuse de se lamenter.

Enfin Harriet, ancien modèle, ne peut renoncer à la sexualité : « Pour moi, faire l'amour est un pur moment de bonheur, même quand ce n'est pas réussi, c'est mieux que de s'en passer », déclare-t-elle. On la voit discuter avec des femmes de son âge. La plupart reconnaissent qu'elles ont encore des besoins sexuels mais qu'elles ont renoncé à toute sexualité. Harriet, elle, n'y a pas renoncé.

« La vie a toujours été pleine de surprises pour moi, quelqu'un a toujours surgi au bon moment. Ma mère – que Dieu ait son âme – disait : "Les hommes c'est comme les tramways, on en rate un, le suivant arrive quelques minutes plus tard." La seule chose, c'est que maintenant ils mettent plus de quelques minutes pour arriver ! »

Contrairement à certaines idées reçues, la sexualité ne disparaît donc pas avec l'âge. Le mythe contient toutefois quelques vérités. Car si le désir, le plaisir et l'orgasme sont possibles tout au long de la vie, les personnes âgées sont plus limitées dans leur vie amoureuse. Elles ont des rapports sexuels moins nombreux et atteignent plus difficilement le plaisir. Les modifications anatomiques et physiologiques, l'atrophie du vagin des femmes après la ménopause, l'absence d'érection, conduisent souvent à un arrêt de l'activité amoureuse.

En réalité, on ne sait pas ce qui se passe dans le secret des alcôves, et derrière ces généralisations se cachent probablement des situations très contrastées. Des personnes qui ont renoncé tout à fait à la sexualité et s'en trouve satisfaites, libérées. D'autres qui restent très désirantes et actives. Olivier de Ladoucette cite l'exemple d'un couple d'octogénaires « qui croyaient la page tournée et qui, au cours d'un voyage à Venise, a constaté le réveil de sensations auxquelles ils ne pensaient même plus[1] ».

La vie sexuelle tardive n'est qu'une continuité de ce qu'elle a été plus tôt dans la vie. Les personnes comblées par une vie sexuelle imaginative, riche et harmonieuse, la garderont, même minorée, en vieillissant. À l'inverse, pour celles qui étaient peu ou pas « portées sur la chose », il serait surprenant que cela change en vieillissant.

L'âge n'affecte donc pas le désir sexuel, même s'il en modifie le rythme et les caractéristiques. Si la sexualité est moins active, plus lente, on sait qu'elle devient aussi plus sensuelle.

« Quand j'étais plus jeune, le désir était plus fréquent. Mais maintenant les orgasmes sont plus lents et plus intenses », affirme l'une des femmes. « Je me sens plus libre, plus inventive. Quand j'étais plus jeune, je croyais qu'il fallait faire beaucoup de bruit pour montrer à mon partenaire que nous étions des amants exceptionnels. Je crois que c'est un poids. Parce que je suis plus à l'aise avec moi-même, je suis plus à l'aise dans ma sexualité. Je pense qu'à notre âge nous devons accepter le fait que nous avons changé, et passer à autre chose, une plus grande attention aux caresses. Il y a tellement de façons d'avoir du plaisir. Pour moi les caresses, c'est plus important que l'acte lui-même. L'attention à l'autre, les préliminaires, c'est important. Les hommes que j'ai connus pensent que cela ne vaut plus la peine

1. *Rester jeune, c'est dans la tête, op. cit.*, p. 189.

de faire l'amour, lorsqu'ils ne sont plus "performants". Je pense qu'ils ont tort. Les relations sexuelles sont une façon d'exprimer son amour. C'est pour cela que cela nous manque tant. Nous avons besoin d'être prises dans des bras, d'être touchées. »

Il y a donc toute une gamme de sensations, de contacts sensuels à découvrir. Celui de se sentir proches, de dormir peau contre peau, de se lover l'un contre l'autre.

Jean-François Deniau, à près de soixante-quinze ans, me disait lors d'une croisière que nous faisions en Sardaigne, qu'il faisait toujours l'amour, malgré ses problèmes cardiaques, mais « à la paresseuse » ! Il faisait ainsi l'éloge d'une volupté douce.

Alain Moreau, dans *Éloge de la vieillesse,* écrit que l'on fait mieux l'amour à soixante ans qu'à vingt ans. Il ne faut pas confondre, dit-il, le désir et l'érection, deux choses à différencier. « Les parts du sensible et de l'imaginaire n'ont aucune raison d'être diminuées mais, au contraire, se trouvent renforcées par les désinhibitions, et donc leur champ et leur efficacité accrus. L'affaiblissement de la pression et de la pulsion brute, par la maîtrise qu'elle permet, offre bien plus de possibilités de plaisirs, de joies et de bonheurs qu'elle n'en enlève[1]. »

Les couples de plus de soixante-douze ans qui font encore l'amour m'ont tous confié que

1. Alain Moreau, *Éloge de la vieillesse,* Paris, Bibliophane, 2006, p. 172.

l'attitude de la femme était fondamentale dans la poursuite de leur activité sexuelle. Il est manifeste que si les femmes perdent confiance en elles, à la suite de leur ménopause, si elles ont le sentiment d'être responsables des « pannes » de leur conjoint, elles s'installent alors dans la conviction qu'elles sont moins attirantes et sonnent alors le glas de leur vie sexuelle. Si, au contraire, elles gardent confiance en elles, si elles ne se sentent pas blessées ou frustrées par l'impuissance temporaire, et même définitive, de leur compagnon, elles la banaliseront et chercheront une autre façon de faire l'amour.

La sexualité augmente la longévité. Si peu de choses ont été écrites sur la contribution de l'épanouissement sexuel au bien vieillir[1], on peut imaginer ce qu'il apporte en termes d'équilibre psychique et d'estime de soi.

Pourtant, le tabou demeure. Même si aujourd'hui on accepte un peu plus facilement que des hommes et des femmes âgés rapprochent leur solitude, se manifestent de la sympathie, de l'affection, on accepte beaucoup moins l'idée qu'ils puissent aller jusqu'à l'acte sexuel. La sexualité des vieux reste aux yeux des jeunes,

1. Lors du Congrès de l'ESSIR (European Society for Sex and Impotence Research) qui s'est tenu à Rome en octobre 2001, le Dr Marc Ganem affirmait : « Outre l'amélioration de l'état de santé et notamment du système cardio-rcspiratoire qui assure l'oxygénation du cerveau, l'exercice sexuel pourrait stimuler la synthèse de substances favorables au développement et au maintien des cellules cérébrales. »

mais aussi des plus âgés qui ont été élevés dans la culpabilité de la chair, un peu scandaleuse voire dégoûtante. Dans *La Nuit de San Lorenzo,* film des frères Taviani, un vieux et une vieille se retrouvent à l'occasion d'une transhumance dans une même chambre et font l'amour. « Il fallait le talent de ces deux cinéastes pour que cette scène soit belle et acceptable. Les images d'une telle sexualité heureuse sont encore provocantes[1]. » Aujourd'hui encore, l'image d'un vieux couple faisant autre chose que de s'asseoir platoniquement sur un banc en face de la mer génère un malaise. Le coït entre seniors semble « incompatible avec les canons esthétiques de l'érotisme politiquement correct[2] ».

Ce regard honteux sur la sexualité des âgés est aujourd'hui remis en question par les baby-boomers. Cette génération a connu la contraception et la liberté sexuelle. Elle a été pionnière d'une véritable révolution des mœurs. Elle a contribué à dissocier le plaisir de la procréation, à déculpabiliser l'amour hors mariage. Elle n'est pas prête à renoncer à l'amour physique en vieillissant, et les progrès de la science l'y aident.

Malgré cela, la sexualité des âgés restera longtemps encore taboue, peut-être même toujours, pour une raison qui n'est pas culturelle, mais plus profonde, inconsciente. De même que les enfants ne peuvent imaginer leurs parents en train de faire l'amour, de même les adultes que

1. *Une vie en plus, op. cit.,* p. 131.
2. *Rester jeune, c'est dans la tête, op. cit.,* p. 188.

nous sommes ne peuvent se représenter la sexualité des plus âgés. C'est sans doute la raison pour laquelle cette sexualité est si mal perçue dans les maisons de retraite.

« Il y a quelques années, raconte Paulette Guinchard, le directeur d'un centre de long séjour, où j'assurais une formation, avait insisté pour que je parle de la sexualité. J'ai découvert là combien les soignants se retrouvent seuls face à des comportements qu'ils ne comprennent pas, rejettent, condamnent parfois avec des mots très durs, la trouvant laide, sale, incongrue, allant jusqu'à demander aux médecins des traitements pour calmer ceux qui s'en rendent "coupables[1]". » Paulette Guinchard a senti la réserve et même la violence des soignants devant une sexualité que les vieux exhibent malgré eux. Certains soignants ont ainsi exprimé des jugements brutaux : « La masturbation d'une vieille femme devrait être punie et au moins soignée » ou bien : « Montrer de façon aussi provocante qu'on a ce genre de besoin, de désir, de plaisir, ne peut être que le fait de vieilles ou vieux cochons. »

De plus en plus, dans les formations destinées aux personnels des maisons de retraite, on aborde cette question. Alors les soignants, conscients de cette dimension toujours vivante de la vie intime des résidents, sont capables de la respecter. De même, les revues destinées au troisième âge commencent aussi à consacrer des dossiers à cette question.

1. *Mieux vivre la vieillesse*, *op. cit.*

« À quand les lits à deux dans les maisons de retraite ? se demande Paulette Guinchard. Le seul fait qu'on y propose, pour l'instant, à peu près systématiquement des lits à une place montre bien que la sexualité n'y a pas droit de cité, qu'elle y est très officiellement niée, pour ne pas dire prohibée... Les vieux ont des idées là-dessus, mais on ne les leur demande pas. Écoutons cette vieille dame : "J'espère que si je dois aller en maison de retraite, j'aurai un lit à deux places et qu'on ne m'enverra pas dans un lit à une place comme quand j'étais en pension. Ce serait comme si je n'étais plus une personne qui peut en accueillir une autre dans son lit[1] !" »

Faut-il rappeler que la Charte de la personne âgée de 1995 lui garantit le droit à vivre son intimité dans sa chambre : toute personne est libre d'aimer à tout âge, dans le respect des convenances !

Entre exhiber sa sexualité, la montrer en vue d'obtenir sa reconnaissance, en faire l'objet d'un combat politique, et la nier, la brimer comme on le fait encore trop souvent, il y a un juste milieu à trouver : le respect de la vie intime de l'autre.

Il est difficile de trouver le ton juste pour parler de la sexualité des âgés. La seule façon de le faire est sans doute de montrer qu'elle est autre. Intériorisée, infiniment plus tendre, plus lente et plus sensuelle. Elle n'est plus guidée par la pulsion, mais par le cœur. C'est une sexualité affective. Jamais sans doute, dans la vie d'un être humain,

1. *Ibid.*

l'expression « faire l'amour » n'a été plus significative que lorsqu'elle désigne cette rencontre amoureuse, complice, des corps vieillissants ou déjà vieux. Roger Dadoun n'hésite pas à la qualifier d'érotique.

Je ne voudrais pas terminer ce chapitre sur la sexualité du grand âge sans rapporter ici le témoignage d'Harold. Harold a quatre-vingts ans. Il fait encore l'amour très souvent à Élise qui, elle, a soixante-dix ans. Ils ont accepté de me parler.

Harold est taoïste. Il pratique depuis vingt ans le Tao de l'art d'aimer, une voie spirituelle chinoise qui enjoint à ses adeptes de mener une vie saine et de jouir pleinement des joies terrestres ou célestes. L'amour et la sexualité font partie de ces joies. Qui plus est, ils sont la source de ces joies. Sans l'harmonie du yin et du yang, tout finit dans la destruction et la mort. Toute destruction, toute haine, toute affliction, toute avidité naît d'un manque désespéré d'amour et de contacts sexuels. C'est dire combien les contacts sexuels participent à la bonne santé, au bien-être et à la longévité.

La longévité est une obsession chez les Chinois. Quand ils parviennent à se maintenir en bonne santé, la vieillesse constitue l'âge le plus heureux de leur vie. Continuer à avoir une vie sexuelle contribue au maintien de cette bonne santé. Tous les textes de la Chine ancienne voient dans le Tao de l'art d'aimer le facteur essentiel d'une longue vie.

Harold me parle de cette sexualité révolutionnaire, si éloignée de nos pratiques occidentales, qu'aucune culpabilité ni répression n'a jamais entachée.

Les principes essentiels du Tao – le *coitus reservatus,* c'est-à-dire le contrôle de l'éjaculation, l'importance de l'orgasme féminin, la compréhension du fait que l'orgasme masculin et l'éjaculation ne sont pas une seule et même chose – sont aujourd'hui largement repris par les sexologues occidentaux, qui puisent dans cet art d'aimer pour aider leurs patients à s'épanouir.

Harold pratique ainsi le coït interrompu. Pourquoi ? Comment ? J'essaie d'en savoir plus. Harold m'explique que les médecins de la Chine ancienne préconisaient aux hommes de plus de cinquante ans de veiller très attentivement à maîtriser leur éjaculation, mettant en garde contre les dangers de l'éjaculation systématique. « Après l'éjaculation, l'homme est fatigué, ses oreilles bourdonnent, ses yeux sont alourdis et il aspire au sommeil. Il a soif et ses membres sont inertes et ankylosés. Pendant l'éjaculation, il éprouve un bref instant de joie, mais il en résulte ensuite de longues heures de lassitude. Ce n'est vraiment pas de la volupté[1]. »

L'homme ne devrait émettre sa semence que deux ou trois fois sur dix pour certains, une fois sur cent pour d'autres. On connaît l'adage célèbre de ce médecin chinois du VIe siècle, Soen Sse-Mo, qui mourut à cent un ans : « Si vous pouvez aimer cent fois sans émission, vous vivrez longtemps. »

1. Jolan Chang, *Le Tao de l'art d'aimer,* Paris, Pocket, 2005, p. 33.

Le vieil homme m'affirme que plus il vieillit, et moins un homme a besoin d'éjaculer chaque fois qu'il fait l'amour. Dissocier l'éjaculation de l'acte sexuel donne une grande liberté. Quand je lui demande quel plaisir il éprouve ainsi, il me répond qu'il n'échangerait pour rien au monde le plaisir intense qu'il éprouve contre le type de plaisir qu'il éprouvait plus jeune, avant d'avoir découvert le Tao. Je le crois, car je le vois paisible, heureux, et je vois qu'il aime faire l'amour. Cela ne fait aucun doute. Le plaisir qu'il ressent n'est pas de l'ordre d'une explosion violente, mais d'un relâchement délicieux. C'est un plaisir qui se traduit par un apaisement, une communion voluptueuse, sensuelle et prolongée dans quelque chose de plus vaste que soi. « C'est cela, insiste-t-il, c'est un sentiment de communion étroite et de partage, non pas un spasme individuel et solitaire excluant ma femme. » Le Tao de l'art d'aimer est une pratique sensuelle. Le couple doit d'abord apprendre à respirer longuement et profondément afin d'être détendu. Il doit ensuite s'ouvrir, aiguiser ses sens, et doit déporter son attention de l'éjaculation.

Ce qu'Harold me décrit me fait penser à la prégénitalité de Freud. Il s'agit bien de revenir à une polymorphie, non pas perverse, mais sage. Même si les taoïstes insistent sur l'importance de la technique amoureuse, c'est surtout la recherche d'un accord et d'une sérénité réciproques qui importe. L'acte sexuel n'est pas un acte purement mécanique mais une expérience totale. Le développement sensoriel participe de cette sexualité harmonieuse, le toucher, mais aussi l'odorat, le contact prolongé des corps, les caresses douces et lentes, des mots dits d'une voix tendre.

Élise, restée silencieuse jusque-là, se mêle à notre conversation. Elle a rencontré Harold à l'âge de cinquante-deux ans. Il l'a initiée au Tao. Elle ignorait alors que l'acte sexuel pouvait leur apporter une joie aussi profonde. Elle fait remarquer qu'il est difficile de mettre des mots sur cette expérience ineffable. En l'écoutant, je découvre un aspect que j'ignorais totalement de la sexualité possible des âgés : ils ont le temps, ils ont l'esprit libre, et peuvent apprécier et savourer le contact de la peau, le fait d'être l'un dans l'autre, leurs souffles et leurs énergies mêlés. Ils y gagnent une paix intérieure inconnue autrement. Ce contact aimant des corps et cette communion tendre contribuent sans aucun doute au bien-être et à l'harmonie de ce couple âgé.

Est-ce fatigant d'avoir souvent ces contacts ? Non, répond Harold, au contraire ! Car c'est une sexualité détendue. Le médecin chinois Soen estimait que lorsque les deux partenaires ont atteint un haut niveau de conscience, « ils peuvent s'unir profondément en restant immobiles de façon à ne pas troubler le *king* (la semence). Sur une durée de vingt-quatre heures, il leur est possible de pratiquer cette sorte d'union des dizaines de fois. En agissant ainsi, ils connaîtront la longévité[1] ».

Tout ce que me dit Harold m'intrigue au plus

1. Cité in *ibid.*, p. 90.

haut point. J'entends partout autour de moi des hommes de plus de soixante-dix ans se plaindre d'impuissance et en être malheureux. Je repense à ce passage de *La Vieillesse* de Simone de Beauvoir, où est évoquée l'expérience de Léautaud. L'écrivain, âgé de cinquante ans, rencontre une femme de cinquante-cinq ans, passionnée, « merveilleusement organisée pour le plaisir ». Sept ans plus tard, il est épuisé et réduit la fréquence des rapports sexuels, mais se met à se masturber. Pour le Tao de l'art d'aimer, une telle conduite est un non-sens. « Ceux qui connaissent le Tao comprendront tout de suite que là n'était pas la solution. Chez l'homme, la masturbation constitue une perte de l'essence masculine que ne vient compenser aucun gain d'essence féminine. Cet acte, auquel manque l'harmonie du yin et du yang, ne sert à rien[1]. » Le Tao n'a pas de mot pour désigner l'impuissance. Les Chinois des temps anciens n'y voyaient pas un problème important. L'absence d'érection n'empêche pas l'homme âgé d'établir cette communion du yin et du yang. Il existe bien des façons de donner du plaisir et d'en recevoir. C'est ce que Léautaud n'a pas su découvrir. Sa vieillesse fut vécue dans des « abîmes de tristesse ».

Si les hommes, en vieillissant, connaissaient le Tao de l'art d'aimer, continue Harold, ils liraient que l'homme peut pénétrer sa partenaire sans être en état d'érection, et qu'il est bon qu'il s'abstienne d'éjaculer. Cet art d'aimer chinois

1. *Ibid.*, p. 160.

développe les techniques de « pénétration non rigide » qui « réalise quelque chose qui tient du prodige : l'étroit contact d'un pénis et d'un vagin en l'absence d'érection initiale[1] ». C'est cette technique qu'utilise Harold et qui lui permet de faire l'amour à quatre-vingts ans. Qu'en pense Élise ? Elle rit et m'assure que ce type de pénétration a son charme ! Et me rappelle, ce que tous les sexologues savent, et qu'ils devraient répéter davantage face aux publicités mensongères, à savoir que la satisfaction sexuelle d'une femme n'a pas grand-chose à voir avec la taille du pénis. « Si l'homme assortit d'abord cette communion de son amour et de son respect pour la femme et s'il prend à cœur ce qu'il fait, que pourrait y changer une légère différence de taille ou de forme ? Un membre ferme et dur, que l'on introduit et retire avec rudesse, vaut moins qu'un membre faible et mou, qui se meut avec douceur et délicatesse[2] », déclare Sou-Nu, la préceptrice de l'empereur Houang-Ti.

Harold est persuadé que la pratique du Tao l'aide à bien vieillir. « L'unique sortilège contre la mort, la vieillesse, la vie routinière, n'est-il pas l'amour[3] ? »

1. *Ibid.*, p. 145.
2. Cité in *ibid.*, p. 146.
3. Anaïs Nin, *Journal*, Paris, Stock, vol. IV, 1972.

La fécondité du temps

« Être vieux représente une tâche aussi belle et sacrée que celle d'être jeune[1] », écrit Hermann Hesse.

Chacun sait que la vieillesse apporte avec elle son lot de douleurs et que la mort nous attend au bout de la course. Année après année, il faut accomplir des sacrifices, accepter des renoncements. Il faut apprendre à se défier de ses sens et de ses forces. Enfin, il y a toutes ces infirmités et ces maladies, l'amenuisement des sens, l'affaiblissement des organes, les nombreuses douleurs que l'on ressent plus particulièrement pendant les nuits souvent longues et angoissées. Tout cela, Hermann Hesse l'admet. C'est l'amère réalité. Cependant, il rappelle que ce serait pitoyable et triste de s'abandonner exclusivement à ce processus de dépérissement, sans voir que la vieillesse a aussi ses bons côtés, ses avantages, ses sources de consolation et ses joies. « Lorsque deux personnes âgées se rencontrent, elles ne devraient pas simplement parler de leur maudite maladie

1. *Éloge de la vieillesse, op. cit.*

de la goutte, de leurs membres qui raidissent et de leurs essoufflements lorsqu'elles gravissent des marches. Elles ne devraient pas seulement se raconter leurs douleurs et leurs contrariétés, mais aussi les événements et les expériences qui les ont ravies et réconfortées, et ils sont nombreux.

« Nous autres qui portons des cheveux blancs, nous puisons force, patience et joie à des sources qu'ignore la jeunesse. Regarder, observer, contempler devient progressivement une habitude, un exercice, et insensiblement l'état d'esprit, l'attitude que cela entraîne influencent tout notre comportement. »

À la fin de sa vie, Lou Andreas-Salomé écrivait : « Plus je me rapproche du terme de mon existence, plus il me devient possible d'embrasser dans son ensemble cet étrange objet qu'est la vie[1]. »

Imaginons que nous ayons fait le deuil de notre jeunesse, que nous soyons en paix avec notre passé, que nous fassions confiance à la « fécondité du temps », comme nous y invite Robert Misrahi, et que nous assumions une forme de solitude. Notre cœur reste jeune et nous pouvons découvrir une autre façon d'aimer. Tout ce chemin nous conduit à une forme d'accomplissement. Nous nous sentons allégés, nous avons le désir de nous élever.

1. Cité par Roger Dadoun, in *Manifeste pour une vieillesse ardente,* Cadeilhan, Zulma, 2005, p. 80.

« À une certaine heure de la vie, il faut sauter dans le vide avec pour seul parachute le désir de s'élever », écrit Lorette Nobécourt[1].

Dans un entretien donné il y a presque vingt ans, alors qu'il entrait dans le troisième âge, Michel Serres disait vivre son avancée en âge « comme un détachement » de tout ce qui faisait poids : le poids de la tradition, des vérités enseignées, de la famille, du groupe, de la société. « Vieillir est le contraire de ce que l'on croit, c'est rejeter les idées préconçues, être plus léger[2]. »

Alberte, une vieille dame de l'île d'Yeu, nous a tous laissés pantois. Il y a deux étés, à l'occasion de la fête du club aéronautique, elle a décidé de sauter en parachute. Accompagnée d'un jeune moniteur, elle est montée dans un petit avion, et, au-dessus de l'île, ils se sont élancés ensemble dans le vide, avant que ne s'ouvre leur parachute et qu'elle vive une des plus belles et fortes émotions de sa vie. Quelques semaines plus tard, j'ai dîné à sa table, nous avons parlé de son exploit et aussi de sa manière de vivre son âge. J'ai retrouvé dans les mots de cette Islaise de soixante-seize ans une sagesse toute simple, légère et joyeuse. Elle est en paix avec sa vie et reste en mouvement. Elle marche, elle chante et n'a pas peur de mourir. Comme toutes les personnes qui ont accepté

1. Lorette Nobécourt, *En nous la vie des morts,* Paris, Grasset, 2006.
2. Michel Serres, in Jérôme Pélissier, *La nuit, tous les vieux sont gris,* Paris, Bibliophane, 2003, p. 290.

de vieillir mais qui restent jeunes d'esprit, elle n'a qu'un désir, celui de s'alléger, de voir le monde avec d'autres yeux. Le philosophe Léon Chestov parle d'un ange aux ailes constellées d'yeux, des yeux nouveaux qui permettent de voir au-delà du superficiel et de l'apparent. Cet ange s'approche de ceux qui terminent leur vie. Quelle meilleure façon de parler de la faculté qui serait donnée à ceux qui acceptent de vieillir ? « Il ne sert plus à rien de se languir, de larmoyer, de se sentir victime d'une conspiration : il faut monter, monter vers un plan de conscience supérieur[1] », écrit Gérald Quitaud qui ajoute que la tâche symbolique du vieillir consiste « à larguer les amarres. Il faut que la montgolfière s'élève vers la lumière, qu'elle quitte le monde de la souffrance ». Quel sens a ma vie aujourd'hui si je ne me contente pas du visible ? Si je ne me contente pas de m'apitoyer sur mon sort ? Puis-je vivre une forme de plénitude ? Puis-je élever mon niveau de conscience, « créer des ponts entre le réel le plus périphérique de mon existence et la partie chaude, profonde, mystérieuse de mon être[2] » ? À l'occasion de la fête qu'il a donnée pour ses quatre-vingts ans, Arnaud Desjardins me confiait que la clé de cette élévation était de lâcher prise, d'accepter ce qui est. Un chemin difficile, un exercice d'humilité auquel parviennent plus de personnes qu'on ne le pense, car finalement il débouche sur un espace de légèreté et de joie.

1. *Vieillir ou grandir, op. cit.*, p. 93.
2. Yves Prigent, *L'Expérience dépressive : la parole d'un psychiatre,* Paris, Desclée de Brouwer, 1994.

À celui qui souffrait de vieillir, Dürckheim disait : « Tu peux maintenant lâcher prise, lâcher ce qui était jusqu'à présent au centre de ta vie. Laisse ça et mets-toi à l'écoute de ton intérieur. Lâche ce qui t'a occupé en tant qu'être existentiel et permets à ton être essentiel de se manifester. Commence à cheminer vers la maturité. »

Mais, pour cela, il ne faut surtout pas lutter contre le vieillissement, s'accrocher au passé, le retenir ou le reproduire. « Il faut être capable de se métamorphoser, de vivre la nouveauté en y mettant toutes nos forces. Le sentiment de tristesse qui naît de l'attachement à ce qui est perdu n'est pas bon et ne correspond pas au véritable sens de la vie[1] », affirme Hermann Hesse. Car la vie va toujours vers du nouveau. C'est la logique même du vivant, une logique dont nous faisons tous l'expérience à travers les pertes qui jalonnent nos vies. Certes, la vieillesse nous oblige à des deuils, nous en avons parlé, certes nous assistons à la disparition de nos forces vitales, et de certaines facultés, mais, d'un autre côté, nos perceptions s'ouvrent à l'infini.

Il y a quelques années, j'ai eu la chance de participer à une « marche consciente » guidée par Thich Nhat Hanh, moine bouddhiste vietnamien, fondateur du « Village des pruniers » en Dordogne, où il enseigne la méditation, le tai-chi et la pratique de la présence consciente. Le bruit court que ce moine, invité à New York

1. *Éloge de la vieillesse, op cit.*, p. 75.

pour une réunion internationale sur la paix, a fortement impressionné les participants en arrivant d'un pas singulièrement lent, le visage souriant, visiblement dans une attitude méditative. Il semblait, en effet, faire de chaque pas un acte conscient et l'assemblée s'est sentie traversée d'une onde de paix. Il n'avait pas grand-chose à ajouter, car tel était le message qu'il voulait délivrer : « Vous cherchez un monde plus paisible, commencez par installer cette paix au plus profond de vous ! »

Nous étions donc une centaine de personnes venues faire l'expérience de la marche méditative. Thich Nhat Hanh a expliqué avec des mots simples l'expérience qu'il nous proposait de faire. D'abord, tout simplement observer la position de son corps dans l'espace, sentir le contact de ses pieds avec la terre et prolonger ce contact, comme si nous avions des racines sous la plante des pieds. Puis percevoir l'espace au-dessus de notre tête, comme si une antenne invisible nous reliait au ciel. Ensuite, se mettre en marche en suivant consciemment le rythme de son propre souffle, avec, disait-il, un « sourire intérieur ». Marcher lentement, conscient du bonheur d'être vivant, et murmurer intérieurement : « J'inspire, j'expire, plus profond, plus doux. » « Vous sentirez peu à peu, disait-il, un sentiment de calme, de liberté, de joie vous pénétrer, vous vous sentirez solide dans votre base. »

C'était vrai, et chaque fois que je marche, depuis, je pense à cette expérience, et je pratique la marche méditative. Je pense sérieusement qu'il faudrait l'enseigner aux seniors, à ceux qui veulent rester des hommes et des femmes en marche, à ceux qui redoutent l'immobilisme et la sclérose du grand âge.

Marcher, lorsqu'on a pris de l'âge, n'est pas réservé à quelques chanceux. Les progrès de la chirurgie orthopédique permettent à des septuagénaires, à des octogénaires de gambader avec des hanches toutes neuves! Et même si l'on n'a plus les tendons et le cœur de ses vingt ans, la marche reste, avec la nage et le vélo, le sport que l'on peut pratiquer le plus longtemps, car on peut le faire à son rythme. Il suffit de passer une semaine en montagne l'été pour se rendre compte que les chemins sont sillonnés de gens du troisième et du quatrième âge.

Lors d'une excursion que j'ai faite récemment dans le Valais, en Suisse, assise sur un banc d'où j'admirais la vue plongeante sur le val d'Anniviers, j'ai vu un vieil homme déboucher d'un sentier et venir s'asseoir à côté de moi, pour reprendre son souffle. Comme je m'étonnais qu'à son âge il monte aussi haut – nous étions à 1 800 mètres –, il me livra le témoignage suivant : « Je marche tous les jours au moins pendant une heure, c'est mon sport quotidien. Je m'entraîne car mon plaisir, voyez-vous, est de m'offrir, chaque été, la montée à l'hôtel Weisshorn. » Il me montre une grand bâtisse blanche perchée sur les hauteurs. « Tous les jours de l'année, je me prépare à cette journée ensoleillée de juillet où je monterai lentement, depuis l'arrivée du funiculaire de Saint-Luc jusqu'au Weisshorn. C'est mon extase de l'été ! » ajoute-t-il avec un sourire ineffable. « Autrefois, je faisais cette montée en une heure. Je ne regardais même pas où je mettais les pieds et je volais vers le sommet. Aujourd'hui, je mets trois heures à monter. Je marche en regardant mes pieds et j'aperçois avec un plaisir nouveau ce que je ne voyais pas jadis : les fleurs qui bordent mon chemin. Je les salue par leurs noms, bonjour, la gentiane bleue ; bonjour, l'anémone jaune ; bonjour, les myosotis couleur de neige. Je m'arrête souvent pour écouter le bruit frais des cascades qui dévalent la pente, et celui si jeune des grosses cloches pendues au cou des vaches noires. Vous savez, celles qu'on appelle des reines et qu'on entraîne au combat. Oui, je m'arrête et je contemple toute cette beauté. Je respire l'air si pur et je répète en moi-même : merci, merci ! Et puis, un peu plus haut – il me montre le chemin qui continue péniblement dans la rocaille au milieu d'un tapis de rhododendrons nains, d'un rouge éclatant –, vous voyez ces pyramides de pierre que les gens créent spontanément ? Eh bien, ce sont des sortes de "chortens", comme au Népal. Les gens posent des pierres les unes sur les autres en signe de gratitude. Tous les étés, quand je viens ici, je pose ma pierre à moi et je remercie la Vie, avec un grand V, le Vivant, d'être encore là, en bonne santé, capable d'un tel bonheur ! »

« Puis-je vous demander votre âge ? » ai-je tenté. « J'ai soixante-dix-neuf ans. J'ai toujours aimé marcher, je trouve merveilleux de pouvoir continuer à le faire, mais je vis ma marche d'une tout autre façon : je la vis de l'intérieur. Je marche profondément. Quand j'étais jeune, c'était la performance physique qui comptait. Je voyais à peine le paysage. Maintenant, chaque seconde est habitée ; mes yeux sont en extase permanente. Je n'en finis pas de m'enivrer d'odeurs. Il y a bien un passage un peu difficile avant l'arrivée au Weisshorn, des blocs de calcaire qui entravent le chemin. Chaque année, je me demande si je pourrai passer l'obstacle. Mais en allant doucement, prudemment – et comme je sais que je suis presque arrivé, c'est plus facile –, je pense que, cette année encore, j'y arriverai. »

Le vieux monsieur s'est levé. Un beau visage bronzé, creusé de rides volontaires. Je garde ses mots et son sourire, et j'essaie par ces quelques lignes de les transmettre à tous ceux qui, comme moi, aimeraient à son âge gravir des sentiers de montagne le cœur aussi léger.

La nouveauté, lorsqu'on est devenu vieux, vient toujours de l'intérieur. Une sensibilité nouvelle, une perception sensuelle s'affine avec l'âge et, mystérieusement, augmente tandis que le corps s'amenuise. Dürckheim parle « d'ouvrir l'Organe permettant la perception de la Réalité au sein de laquelle coule l'inépuisable source de l'être, indépendante des modalités particulières de l'existence[1] ». C'est véritablement la tâche de ceux qui avancent en âge que d'entrer en relation avec

1. *L'Expérience de la transcendance, op cit.*

leur être profond. Cette mise en relation peut se faire de plusieurs manières et je voudrais ici en évoquer quelques-unes.

La première est tout simplement de « lâcher prise ». « Il est étonnant de constater quels résultats on peut obtenir lorsqu'on enseigne à un homme à *se* lâcher, par exemple à *se* laisser expirer à travers une partie douloureuse du corps au lieu d'accomplir le geste inverse, le geste antinaturel, celui que l'on fait habituellement, qui retient la respiration, qui oppose une résistance à chaque douleur, raidissant et bloquant la partie malade », lit-on chez Dürckheim.

La voie royale vers la détente profonde, « le grand Détachement », c'est l'exercice juste de la respiration, qu'il ne faut pas considérer ici comme une simple manière de prendre et de rejeter l'air, mais comme un grand rythme, sur lequel on s'ouvre et on se referme, on se donne et on se reprend, on s'offre et on se recueille. « Ce à quoi il faut toujours s'exercer en premier, c'est à lâcher prise dans l'expiration, ou plus précisément : se relâcher dans le "haut", s'asseoir, s'installer dans le bassin de sorte que l'inspiration se fasse sans qu'on y contribue[1]. »

« On estime que dix minutes de méditation pendant deux à trois mois font baisser la tension de deux points, sans le moindre médicament, affirme Joël de Rosnay. On ferme les paupières, on respire profondément avec le haut des poumons puis avec l'abdomen comme les yogis le

1. *Ibid.*, p. 151.

font, on ralentit les battements de son cœur. Tous les muscles du visage se détendent, et on se surprend à sourire comme un bouddha. Dix minutes de cette qualité équivalent à plusieurs heures de sommeil. C'est quelque chose que tout le monde peut pratiquer[1]. »

Cette installation dans le souffle permet alors de percevoir le corps que l'on est. En faisant voyager, si l'on peut dire, le souffle à l'intérieur du corps, on sent toutes les tensions se dénouer. Et puis, avec de la pratique, on se sent « touché en profondeur, mais très doucement, par une étrange émotion, par une sensation d'heureuse plénitude[2] ». Ces sensations révèlent, en fait, un nouvel espace intérieur. « Il est ainsi possible que le paysage intérieur de la personne âgée, aride et glacé, connaisse un nouveau printemps, qui ne sera pas un réveil de toutes les forces juvéniles, mais un réveil à une tout autre Vie, dans laquelle il n'est plus question de "faire" mais d'"être", au-delà du temps[3]. »

Les lieux où l'on médite, qu'ils soient chrétiens ou bouddhistes, sont eux aussi très fréquentés par les seniors. Le « travail de vieillir » s'accommode bien d'une pratique qui consiste à se poser, à faire le vide, à faire l'expérience du silence. Puisque vieillir consiste en partie à se détacher, et pour beaucoup à assumer une certaine solitude, on comprend que bien des seniors prennent exemple sur les spirituels. « Tous les jours, je

1. *Une vie en plus, op. cit.*, p. 60.
2. *Ibid.*, p. 153.
3. *Ibid.*, p. 153.

m'oblige à une demi-heure de silence. Chaque fois que je le peux, je me rends dans la chapelle de la Vierge de l'église Saint-Gervais, à Paris. C'est un lieu de silence. Cela m'aide à entrer dans ma crypte intérieure. Je m'y sens bien. Je peux vous dire que j'attends ce moment avec joie, parce que, alors, je me sens légère. Je sens que je ne risque rien. Je peux vieillir tranquillement. Il y a ce lieu en moi qui m'appartient. Être posée là, tout simplement, sentir mon souffle, cette vie en moi et autour de moi ! » me confie une amie, qui en effet ne semble pas inquiète à la pensée de vieillir.

Si l'on pouvait initier toutes les personnes âgées à cette perception du « corps que l'on est », bien des souffrances liées au « corps que l'on a » seraient alors surmontées. Cet apprentissage exige du temps, de l'attention et de la disponibilité, trois qualités qui ne sont pas incompatibles avec la vieillesse, bien au contraire. Il s'agit d'exercer sa perception, de la développer, de l'affiner. Des joies immenses sont alors réservées à ceux qui découvrent un univers intime dont ils n'avaient pas conscience. Leur corps « extérieur » peut être en ruine, leur corps « intérieur » est plus vibrant et vivant que jamais.

En lâchant prise de cette manière, une nouvelle forme de sensualité apparaît, où l'audition et le regard perdent de leur importance, souvent au profit du toucher. « La peau devient, peut-être plus que jamais, un lieu d'échange et de plaisir[1]. » Le présent acquiert une nouvelle valeur « où les sensations, les pensées et les émotions de l'instant sont davantage goûtées. Il existe une jouissance de se sentir immobile, exister », écrit Jérôme Pélissier, qui parle alors de « retrouvailles » avec soi-même. « L'esprit puise sa nourriture en lui-même, dans ce qu'il a accumulé au cours de sa vie. » Il découvre que l'essentiel de ce qui le constitue, les pensées, les émotions ou les rêves, était présent dès l'enfance. Il ramène les souvenirs pour mieux « comprendre en profondeur la réalité fondamentale qui a été vécue, au-delà des consciences que nous en avions lorsque nous la vivions[2] ». L'enjeu en est de rechercher le sens de la vie que l'on a vécue. La vieillesse offre alors le temps et l'espace mental pour le faire.

Hermann Hesse nous invite à nous tourner vers « le trésor d'images que nous gardons en mémoire après une longue vie », à feuilleter avec précaution « le grand album de notre vie » et à constater « à quel point il est merveilleux et bon de se retirer de cette course-poursuite, de cette course folle et d'accéder à la *vita contemplativa* ».

Dans le « jardin de la vieillesse » fleurit la patience. « Nous devenons paisibles, tolérants, et plus notre désir d'intervenir, d'agir, diminue, plus nous voyons croître notre capacité à observer, à écouter la nature aussi bien que les hommes. »

1. *La nuit, tous les vieux sont gris*, *op. cit.*, p. 286.
2. Marcel Légaut, cité par Jérôme Pélissier, *op. cit.*, p. 288.

« C'est seulement en vieillissant que l'on aperçoit que la beauté est rare, que l'on comprend le miracle que constitue l'épanouissement d'une fleur au milieu des ruines et des canons, la survie des œuvres littéraires au milieu des journaux et des cotes boursières. »

Cette jouissance de se sentir exister est peut-être d'autant plus accessible à ceux qui voient leur rythme de vie se ralentir, ou même sont forcés à l'immobilité. J'ai évoqué plus haut, lorsque j'ai parlé de notre peur de la dépendance, le témoignage de ce vieux professeur, cloué sur son lit, et qui dit « apprécier » l'arbre qu'il voit par sa fenêtre, comme il ne l'a jamais fait auparavant.

Au lieu de nous rebeller contre l'épuisement, le ralentissement, la fatigue, qui nous affectent lorsque nous vieillissons, pourquoi ne pas les accepter, nous laisser porter par le courant ? Pourquoi ne pas nous allonger, nous reposer ? suggère Richard Alpert, alias Ram Dass, dans une belle méditation sur l'art de vieillir, publiée en 2000 aux États-Unis[1]. « Lorsque nous traversons des moments de fatigue, demandons-nous si le ralentissement n'est pas un message nous invitant à vivre l'instant présent, à être avec lui, à le goûter. Pourquoi ces variations d'énergie ne surviendraient-elles pas pour nous indiquer comment nous pourrions évoluer, nous calmer intérieurement et nous orienter vers la réflexion. Nous mettre à l'écoute de notre âme[2]. »

1. Ram Dass, *Still Here,* New York, Riverhead Books, 2000.
2. *Ibid.*, p. 77.

Ram Dass, qu'une hémorragie cérébrale a laissé hémiplégique, affirme qu'en acceptant sa situation il est beaucoup plus heureux qu'il ne l'était auparavant. « Mon attitude trouble certaines personnes de mon entourage qui estiment que je devrais me battre pour essayer de remarcher. Mais ai-je vraiment envie de remarcher ? Je suis assis, et voilà ! je me sens paisible et suis reconnaissant à tous ceux qui s'occupent de moi. »

Lorsque mon ami et écrivain Gilles Farcet avait rencontré cet attachant personnage, onze ans plus tôt, et qu'il lui avait demandé ce qu'il ferait s'il devenait impotent, et se voyait réduit à l'inaction, Ram Dass lui avait répondu : « Ce serait certainement très bien. Je deviendrais de plus en plus calme, m'immergerais dans la profondeur, jusqu'à devenir une sorte de présence auprès de laquelle les gens pourraient venir se réchauffer. J'ai rencontré beaucoup de vieillards dont émanait une vraie présence. Ils ne disaient jamais rien et se contentaient d'être là. J'en ai encore rencontré un voici quelques semaines au Népal. Il était à la fois si physiquement diminué et spirituellement si présent, si rayonnant... Peut-être serais-je en mesure de faire don aux autres d'une telle présence. Je le souhaite, en tout cas. Dieu veuille que jamais plus ne disparaissent de mon esprit le sentiment de recueillement que m'inspire la précarité de toute chose, la passion des métamorphoses, l'acceptation de la mort, la volonté de renaître ! Laissons les choses advenir sans heurts, traversons les étapes, les espaces les uns après les autres, restons éveillés, toujours prêts à vivre quelque chose de nouveau[1]. »

Franz Veldman, dans ses ouvrages, attire l'attention sur ce qu'il appelle le *still point,* ce point de tranquillité en soi que l'on peut apprendre à percevoir, à écouter. Dürckheim parle de « toucher de l'Être ». Je donne ici l'exemple de deux approches occidentales originales, car elles reprennent à leur compte ce qui a été longtemps l'apanage des Orientaux, la promotion du non-agir, du silence et du calme.

« Je commence à comprendre le plaisir qu'éprouvent les vieux lorsqu'ils restent assis des heures sur un banc, sans rien faire, à l'ombre d'un platane, le regard au loin, silencieux, immobiles, les mains croisées », me disait François Mitterrand dans les derniers mois de sa vie. Lui, qui avait été si actif, comprenait les vertus du « non-agir ». Ils ne *font* rien, mais ils *sont.* Pour beaucoup de nos contemporains, le fait de ne rien faire est perçu comme un défaut ou une calamité, lorsque l'inaction est imposée. Rares sont ceux qui ont compris qu'en étant simplement là, assis, paisiblement, on goûte pleinement le présent, on a des chances « de percevoir ce qui luit en sa plus profonde intériorité, "quelque chose" qui l'effleure avec une extrême subtilité mais qui est rempli de cette qualité qu'on appelle le Numineux[2] ». Ainsi Dürckheim tente-t-il de

1. Ram Dass, *Vieillir en pleine conscience,* préface de Gilles Farcet, Paris, Le Relié Poche, 2002.
2. *L'Expérience de la transcendance,* p. 149.

rendre compte de cette expérience du « non-agir », mais on sent bien combien il est difficile, tant il est ineffable, de faire comprendre aux agités que nous sommes le bonheur qu'on éprouve à être, tout simplement. « Tout ce qui l'entoure est relié à l'Infini, et mystérieusement les vagues vont et viennent entre le vieil homme assis devant sa porte et le lointain qu'il contemple, que ce soit la mer, la plaine, la forêt, la montagne ou le ciel ; cela peut être aussi un grand arbre devant sa fenêtre ou le mur de sa chambre... et même l'obscurité de ses yeux éteints. Sa façon de regarder fait de ce qu'il voit une forme de l'Infini. De ce flux et reflux de l'Infini en lui, il tient sa Paix, une Paix rayonnante et parfaite, une Paix bénie. Est-il heureux ? Il n'y a pas de mots pour décrire cet état, pour décrire ce qui peut arriver alors, mais il y a, là où il est assis, "quelque chose" dont il éprouve la plénitude[1]. »

1. *Ibid.*, p. 149.

Les dernières joies de la vieillesse

Jean-Louis Chrétien vient de publier un essai sur la joie. Cette émotion qui dilate le cœur. « Dans la joie, tout est plus large parce que je m'élargis et je m'élargis parce que le monde s'ouvre davantage. » La joie entraîne une véritable « crue de l'espace et de l'existence ».

Ce qui est passionnant dans l'ouvrage de Jean-Louis Chrétien, c'est la façon dont il décrit cette expérience de la joie. Comment elle modifie la perception de son propre corps. Celui-ci peut se rétrécir ou s'élargir, selon que les états d'âme aèrent ou asphyxient le corps. Quand on a « le cœur gros », quand on est triste, déprimé, angoissé, on se sent à l'étroit dans son corps. Quelque chose semble le serrer. On voudrait disparaître. « Mais, s'il arrive un sourire, une bonne nouvelle, un événement heureux, alors on devient plus grand que le monde, on est un océan, une immensité astrale – on "déborde de joie, comme on dit[1]". » Lorsque le cœur se

1. Article de Robert Maggiori à propos de *La Joie spacieuse* de Jean-Louis Chrétien, *Libération*, 1er février 2007.

dilate, toute l'existence prend une autre dimension. « Notre respiration se fait plus ample, notre corps, l'instant d'avant replié sur lui, n'occupant que sa place dans son coin, tout à coup se redresse et vibre de mobilité, nous voudrions sauter, bondir, courir, danser, car nous sommes plus vifs dans un vaste espace », écrit Jean-Louis Chrétien.

La joie nous dilate, et nous sentons mieux maintenant pourquoi cette expérience du cœur, qui ne se réalise aux dépens de personne et qui n'ôte de place à personne, peut révolutionner le vécu intime d'une personne âgée, parfois faible et vulnérable, parfois clouée sur son lit ou dans son fauteuil. Je répète depuis des années aux soignants qui suivent mes formations qu'ils ne mesurent pas la force créatrice d'une parole, d'un geste ou d'un sourire. En faisant naître la joie dans le cœur de celui qui les reçoit, ils lui donnent de l'espace.

Jean-Pierre Van Rillaer dirige une maison de retraite dans le nord de Bruxelles, la résidence Simonis. Cent trente-quatre résidents, venus de milieux plutôt défavorisés, sont hébergés ici pour un prix très bas. Des personnes autonomes y côtoient d'autres totalement dépendantes ou démentes. La maison accueille aussi quelques personnes plus jeunes, atteintes de traumatismes graves, fortement handicapées, et dont personne ne veut ailleurs. Autant dire que ce lieu est un microcosme de toutes les misères du monde. J'ai suivi Jean-Pierre dans sa tournée de la cafétéria, à l'heure du repas. Dès qu'il est entré dans la vaste salle, les corps se sont redressés. Il faut dire que cet homme de quarante-huit ans est beau, et qu'il est rayonnant. Nul doute que sa présence bienfaisante, je dirais même lumineuse, est perçue d'emblée par l'assistance. Il va de l'un à l'autre, arborant un large sourire, distribue des mots pleins d'affection, embrasse une dame ou deux. Non, je ne rêve pas ! Je vois passer dans les yeux tristes et fatigués un éclair de joie. C'est particulièrement bouleversant. Je pense alors à la « joie spacieuse » de Jean-Louis Chrétien : « Un chemin s'ouvre là où tout paraissait fermé. » Nul doute que l'espace d'un instant, chacun a senti son cœur se dilater et s'est senti plus vaste. Je ne suis pas sûre, et c'est sans doute aussi bien comme cela, que Jean-Pierre ait vraiment conscience du miracle qu'il produit. Mais je sais qu'il est heureux dans son métier.

En revenant dans la salle de soins, nous parlons de cette joie que j'ai vue émerger sur les visages des résidents. Des résidents, qui, de l'extérieur, semblent engloutis dans une sorte de nuit, ne faisant presque rien du matin au soir. Que vivent-ils ? S'ennuient-ils ? Attendent-ils quelque chose ? Pourquoi faudrait-il toujours être actif, faire quelque chose, pour « être » ? demande Jean-Pierre. Peut-être que, sans cet état crépusculaire, ils ne seraient pas disponibles à la joie, capables de la ressentir quand elle leur vient, d'un autre ?

Annick de Souzenelle, qui a plus de quatre-vingts ans, m'apprend qu'en hébreu il y a un même mot, *guil,* pour désigner l'âge et la joie. Voilà qui est passionnant : l'hébreu met en relation la personne âgée et la personne qui est ivre de joie. « La vieillesse est la période où l'on acquiert la joie, dit Annick. Encore faut-il avoir fait mourir le "vieil homme" c'est-à-dire l'homme du passé – au cours de sa vie. Les multiples deuils liés à l'avancée en âge sont des verrous qui sautent et ouvrent le cœur. On entre alors dans des niveaux de conscience de plus en plus profonds. Si l'on rentre chez soi, dans son intériorité, il n'y a plus de solitude, car on est relié au divin. Sinon, la vieillesse est tragique, la solitude abominable. »

J'ai mieux compris les paroles d'Annick de Souzenelle le jour où, venue m'asseoir auprès d'un vieil ami de l'île d'Yeu, sur un petit banc adossé à une cabane de pêcheur, face à la mer, je l'ai entendu me demander : « Comment peut-on s'ennuyer ? » Mille fois il est venu s'asseoir sur ce banc, qui surplombe les rochers de la Raie-Profonde, assister au lever du soleil. Il ne s'en est jamais lassé. Le ciel n'est jamais le même, la lumière change à tout moment, la couleur des rochers aussi. Ce matin, l'air est particulièrement doux, et je l'ai surpris les yeux fermés, tout à la sensation des premiers rayons du soleil sur son visage, buriné par la vie. Sur ses genoux, un exemplaire du journal *La Croix*. « Comment peut-on s'ennuyer quand on est vieux ? » répète-t-il. Puis il me montre l'article qu'il vient de lire à propos du livre d'Albert Donval, *Le Courage de vieillir*[1]. « Écoute ! me dit-il : "C'est le temps de

1. *La Croix,* 21 mars 2005.

chanter, de danser, de jouer, tant que cela est possible. Le temps de s'émerveiller de la nature qui sera encore là quand on n'y sera plus, de jouir du soleil qui sera encore là quand il ne nous chauffera plus, de profiter des petits-enfants qui seront encore là quand on n'y sera plus." Écoute encore ! "Un moment vient dans la vie – plus ou moins tôt pour chacun – où la priorité sera de cultiver son jardin intérieur, le labourer plus profond, lui arracher ses fruits inédits. À l'exemple du moine ou de la moniale, d'un sage en solitude, de ces vieux du village en conversation tranquille sur le banc adossé à l'église. Il n'y a rien qui ressemble à de la désertion ni au vide. C'est seulement un *plus être* intérieur dans un *moins faire* extérieur." »

J'aime ces moments où nous philosophons. Nous évoquons alors la mort de Paul Ricœur. Voilà un homme qui a pensé la grande vieillesse. Il distinguait en elle deux dangers principaux, la tristesse et l'ennui. « Au sujet de la tristesse, ce qui peut être maîtrisé, ce n'est pas la tristesse, disait-il, c'est le consentement à la tristesse, ce que les Pères de l'Église appelaient l'acédie. » Quant à l'ennui, il faisait une distinction : « Il y a l'ennui de l'enfant qui dit : "Je ne sais pas quoi faire" ; il y a l'ennui de celui qui a beaucoup vécu et qui se dit : "J'ai déjà vu tout ça !" » C'est cet ennui qui transpire de tant de vieilles personnes qui attendent tristement la mort dans nos institutions. Y a-t-il une manière de prévenir ce fléau ? « Oui, écrit-il, être attentif et ouvert à tout ce qui arrive de nouveau. Rester capable de ce que Descartes appelait l'admiration. C'est cela pour moi la sagesse du grand âge. J'espère en être capable tant que Dieu m'en donnera la force. »

S'émerveiller, voilà un bonheur qui est à la portée de tous. Un bonheur largement partagé. Certains écrivains octogénaires parlent avec émotion de cette faculté d'émerveillement qui serait l'une des « béatitudes de la vieillesse[1] ». « Merveille de voir que nous voici là, ce maintenant même, toujours vivants, et allant et venant, accueillants accueillis, désirants désirés, et sentant et goûtant et contemplant toutes choses qui autour de nous perdurent ! »

« Merveille de penser que, chargés d'ans, nous avons pu justement accroître notre chargement de vie, l'enrichir, l'amplifier [...] et franchir tant d'obstacles, parer tant et tant de coups, affronter envies, haines, adversités, subir deuils et pertes et traverser guerres, émeutes, révoltes, catastrophes [...] pour nous retrouver, ici et maintenant, sur cette endurante et vieille terre [...] de sorte qu'en ce moment même nous pouvons, oui, nous tourner ravis, nos yeux fussent-ils voilés et obscurcis, vers les clartés chaleureuses du soleil, cueillir entre les dents, seraient-elles branlantes ou larguées, les rafales de pluie, observer en leurs géants jeux de voltige les merveilleux nuages, et nous retrouver fin prêts, chaque soir,

1. Expression utilisée par Christiane Singer dans *Les Âges de la vie,* Paris, Albin Michel, coll. « Espaces libres », 1990.

à saluer le silencieux et foisonnant crépitement des astres[1]. »

Benoîte Groult observe avec curiosité cette sensibilité à la beauté des choses, « les toutes petites merveilles et les grands spectacles s'unissant pour me mettre les larmes aux yeux : le bleu des plumbagos, le vol des grues cendrées dans *Le Peuple migrateur,* le rosier nommé Cézanne planté l'an dernier sans y croire dans un coin peu propice et qui m'offre sa première rose bigarrée rouge et jaune en novembre ».

Cette faculté de s'émerveiller, de contempler, vient comme une compensation. À entendre tous les âgés vanter cette vertu passive, on finit par se dire que la vieillesse est l'âge rêvé pour ouvrir les yeux sur le monde. On a tellement vécu, vu, pensé, ressenti, enduré une somme infinie de choses ! C'est comme un travail de polissage de l'ego qui use et rend transparent. Comme la mer qui use la nacre des coquillages. Christiane Singer nous disait un an avant sa mort que les vieilles gens deviennent si transparents, qu'on voit la vie à travers eux et qu'elles voient à travers les choses.

Cette extrême sensibilité liée à la vulnérabilité du grand âge et à la proximité avec la mort, les poètes de tous les temps ont cherché à l'exprimer. Ainsi Hermann Hesse nous raconte-t-il qu'un jour où il se tenait auprès du feu, coupant du bois dans la douceur d'une journée sans vent, il prit conscience de son extrême proximité avec la mort : « Je vis la chose arriver : une brise

1. *Manifeste pour une vieillesse ardente, op. cit.*

imperceptible et tiède se leva tout à coup, une simple respiration, et par centaines, par milliers, les feuilles si longtemps épargnées s'envolèrent, silencieuses, légères, dociles, lassées de leur persévérance, lassées de leur résistance et de leur vaillance. Ce qui avait tenu et résisté pendant cinq, six mois, succomba en quelques minutes à un petit rien, à un souffle : l'heure de la fin avait sonné, l'amère persévérance n'était plus nécessaire. Les feuilles se dispersèrent, flottèrent au gré du vent, souriantes, consentantes, sans livrer combat... Que m'avait révélé ce spectacle surprenant et pathétique ?... Était-ce un avertissement destiné au vieil homme que j'étais, me sommant de voleter puis de tomber moi aussi ? »

Savoir mourir

Plus nous vieillissons et plus nous nous approchons de la mort. Si nous n'avons pas pris l'habitude d'y penser, de méditer sur cette fin dernière, il y a de grandes chances que nous soyons gagnés par l'angoisse. Les générations avant la nôtre éprouvaient des peurs métaphysiques liées à leurs croyances et à leur éducation religieuse. On avait peur du purgatoire et de l'enfer. Combien de vieilles personnes ai-je accompagnées au seuil de la mort, qui me racontaient des rêves de Jugement dernier ! Elles étaient terrifiées. Aujourd'hui, la crainte de l'au-delà a cédé la place à une angoisse diffuse et à la dépression. Notre génération, celle du papy-boom, ne se pose pas la question de ce qui l'attend au-delà de la mort. L'angoisse sourde, qui la saisit, semble venir d'une confrontation impossible ou douloureuse avec le bilan de sa vie. « C'est devant la mort que l'on prend conscience que la vie aurait pu être quelque chose d'immense, de prodigieux, de créateur, mais c'est trop tard et la vie ne prend tout son relief que dans l'immense regret d'une chose inaccomplie. C'est alors que la mort, justement parce que la vie a été inaccomplie, apparaît comme un gouffre[1]. » Maurice Zundel nous révèle une des raisons de cette peur du gouffre qui s'empare de celui qui, au terme de sa vie, réalise qu'il est passé à côté de l'essentiel. La perspective de disparaître définitivement, de se dissoudre dans le néant, est d'autant plus effrayante que l'on ne sait pas vraiment pour quoi l'on a vécu. On comprend alors l'importance des paroles échangées entre celui qui va mourir et ceux qui l'accompagnent. La certitude de laisser derrière soi des paroles de paix, de gratitude, de vie, permet de mourir sans mourir tout à fait. « La mort met fin à la vie, mais pas à la relation, disait un vieil homme au seuil de sa mort. On continue à vivre dans le cœur de ceux qu'on a touchés et nourris de son vivant[2]. »

Lorsqu'on a le sentiment que l'essentiel de soi survit, ne serait-ce que dans le souvenir des êtres que l'on aime, la mort ne fait plus peur. Je me souviens de ce rêve d'une de ses patientes, proche de sa mort, relaté par Marie-Louise von Franz[3]. Cette femme en fin de vie raconte avoir rêvé d'un incendie ravageur. Elle voyait les flammes détruire complètement un champ de blé, mais à sa grande surprise un arbre était resté intact au milieu du champ, et à ses branches était accrochée une pomme d'or. La thérapeute suisse, élève

1. Maurice Zundel, *À l'écoute du silence,* Paris, Téqui, 1979.
2. Mitch Albom, *La Dernière Leçon, op. cit.,* p. 16.
3. Marie-Louise von Franz, *Les Rêves et la Mort,* Paris, Fayard, 1955.

de Jung, commente alors ce rêve en faisant remarquer comment le rêve rassure sa patiente en lui montrant que son être essentiel, son Soi, symbolisé par la pomme d'or, ne peut être détruit. Lorsqu'en vieillissant on devient davantage conscient de son Soi, on a aussi moins peur de mourir, car on expérimente, comme le disait si bien Spinoza, que l'on est éternel.

Cette peur-là, la peur de mal mourir, presque toutes les personnes âgées l'ont. À moins de terminer sa vie au milieu de personnes qui se sont engagées à vous soigner et à vous accompagner jusqu'au bout. Ainsi, là où les soins palliatifs sont pratiqués, là où une culture de l'accompagnement existe, il est rare que les personnes âgées aient peur de mal mourir. Mais, partout ailleurs, cette peur tourmente nos âgés. Ils craignent de terminer leur vie dans des souffrances extrêmes ou dans une agonie affreuse et interminable, attachés dans leur lit, le corps percé de tuyaux, ou encore de mourir seuls[1], en proie à des angoisses insupportables. Ils ont peur aussi de cette lente dégradation qui précède la mort, l'affaiblissement, la dépendance qui force à confier son corps à d'autres mains. Ils ont peur d'être maltraités par des soignants indifférents ou brutaux, accentuant alors le sentiment d'être devenus peu de chose. La perspective d'une telle déchéance, le manque de confiance dans l'humanité des autres,

1. Une étude récente conduite par le Dr Edouard Ferrand, sur les conditions du décès à l'hôpital révèle que trois personnes sur quatre meurent sans un proche à leurs côtés.

la peur de devenir un poids pour eux, conduisent bien des personnes âgées à envisager d'anticiper leur mort, d'appuyer sur la « touche étoile ».

Des seniors décident parfois de mettre fin à leurs jours lorsqu'ils entrent dans la maladie d'Alzheimer. Affronter la déchéance physique et mentale inéluctable dans les dernières phases de la maladie est au-dessus de leurs forces.

Je me souviens de ma rencontre avec Hubert Reeves, en 1999. Il m'avait confié sa peur de terminer sa vie en donnant de lui une image désastreuse. Il m'a parlé d'une amie très intelligente, pleine de qualités, devenue complètement folle, agressive, haineuse, à la fin de sa vie. Cette vision le hantait. Comment peut-on se transformer ainsi et donner une telle image à ses proches ? « Plutôt anticiper sa mort que de donner un tel spectacle à ceux qui vous admirent et qui vous aiment », m'avait-il dit.

La France, on l'a vu, détient le triste record des suicides de personnes âgées dans le monde. Avec plus de 3 500 suicides par an chez les plus de soixante-dix ans. C'est un sujet qui reste relativement tabou.

À l'occasion de la dixième journée nationale de prévention contre le suicide, *Nice-Matin* annonce que, dans les Alpes-Maritimes, le nombre de suicides des seniors ne cesse d'augmenter. « Souvent issus d'une autre région française, ils rompent avec leurs racines pour débarquer sur la Côte d'Azur. Mais leur retraite au soleil se transforme en un désert de solitude. Plutôt que de se voir vieillir dans la solitude, ils optent pour le suicide. En silence. Sans jamais avoir crié leur désespoir. »

Parmi les seniors qui m'entourent, certains envisagent, semble-t-il assez sereinement, la possibilité de mettre fin à leurs jours, quand ils estimeront que leur vie ne vaut plus la peine d'être vécue. D'autres, au contraire, sont bien décidés à vivre jusqu'au bout, quoi qu'il arrive. Ce sont évidemment des propos de seniors bien portants, mais en fonction des situations dont ils ont été témoins, ils projettent sur l'avenir des scénarios plus ou moins terrifiants.

Sans être trop caricaturale, je dirais que ceux qui ont assisté à des fins de vie pénibles chez leurs proches ne veulent en aucun cas être confrontés à des situations similaires et préfèrent alors anticiper leur mort, tandis que ceux qui ont accompagné dans de bonnes conditions un des leurs, même dépendant, même dément, envisagent d'aller jusqu'au bout de leur vie. Comme si l'intensité des échanges affectifs et l'humanité de ces instants si particuliers suffisaient à donner un sens aux agonies, même les plus redoutables.

J'ai essayé de comprendre ce qui les différencie. Cela semble devenir une véritable mode chez les seniors. Vivre en pleine forme, le plus longtemps et le mieux possible, jouir de sa vieillesse, et puis le jour où se profile la perspective d'une vie dépendante, d'une quelconque perte de ses facultés mentales, mettre fin à ses jours ou demander à un médecin de le faire. Pas question de se laisser décliner lentement !

« J'ai trop aimé courir, grimper, skier, conduire

une voiture pour accepter de m'installer aux commandes d'un déambulateur. J'ai trop aimé le goût du vin, celui des single malts et le parfum de neige éternelle de la vodka pour voir devant mon assiette une bouteille en plastique, pleine d'un liquide incolore, inodore et sans saveur. J'ai trop aimé m'agenouiller dans un jardin et humer l'odeur de la terre et bêcher et planter et tailler ; j'ai trop aimé le soleil en face, au zénith, et les baignades dans l'océan glacé, les randonnées sur la lande, pour somnoler à l'ombre dans un jardin, une capeline sur la tête et une couverture sur les jambes, en attendant que le soir tombe... pour aller au lit[1] ! » écrit Benoîte Groult, qui voudrait, par amour pour la vie, dit-elle, la quitter à temps. Que sait-elle, Benoîte Groult, de ce que vit vraiment une personne très âgée qui somnole sous une couverture, que sait-elle de l'éprouvé intime de celui qui peut encore, grâce à un déambulateur, sortir humer l'air du printemps ? Sans doute lui a-t-il été parfaitement impossible de se mettre à la place de sa sœur qui s'enfonçait – peut-être pas si douloureusement que cela – dans la maladie d'Alzheimer ?

L'engouement actuel pour une loi qui dépénaliserait le suicide assisté révèle la profondeur des peurs qui traversent notre génération : peur de mal vieillir, de mal mourir et tout simplement peur de la mort. Il n'est pas étonnant que l'Association pour le droit de mourir dans la dignité (ADMD) recrute une grande partie de ses adhé-

1. *La Touche étoile, op. cit.*

rents parmi les personnes de plus de soixante-quinze ans et dans les maisons de retraite. En signant leur testament de vie, en demandant que soit respectée leur volonté de ne pas souffrir, de ne pas être maintenus en vie par des moyens disproportionnés et artificiels, et de recevoir une aide active à mourir, ces personnes espèrent que l'on tiendra compte de leur souhait de mourir « dans la dignité ».

Le respect de la volonté de ne pas être maintenu en vie par des traitements et des moyens artificiels est aujourd'hui garanti par la loi « Droits des malades et fin de vie ». Une personne âgée qui ne souhaite plus vivre, ne peut obtenir du médecin qu'il lui donne la mort, mais elle peut obtenir qu'il la laisse mourir. Comment ? En arrêtant tout traitement susceptible de la maintenir en vie. Et si la personne refuse de s'alimenter, elle peut obtenir que l'on respecte ce refus de vivre. Quand on pense à toutes les personnes âgées que l'on forçait à vivre en les nourrissant par sonde gastrique, parfois en les attachant aux barreaux du lit pour qu'elles n'arrachent pas leur perfusion, on réalise à quel point cette nouvelle loi représente un progrès. Mais nos seniors estiment que cette loi ne va pas assez loin. Ils voudraient avoir les moyens de maîtriser eux-mêmes leur mort, d'en décider le jour et l'heure. Ils rejettent l'idée d'un glissement progressif dans la mort. « Se voir mourir à petit feu, quelle horreur ! » ai-je souvent entendu. Comme si s'éteindre doucement était assimilé à une torture. On voit bien, à les entendre, qu'ils n'ont pas l'expérience d'un accompagnement tendre et serein de leurs proches, de cette veille recueillie au chevet du mourant.

Un débat très vif s'est engagé aux Pays-Bas autour du suicide assisté des personnes âgées. Il faut rappeler que, dans ce pays, l'euthanasie est autorisée sous certaines conditions, et uniquement pour les personnes malades en proie à des souffrances intolérables. Une personne âgée, fatiguée de vivre, par exemple, ne peut pas demander l'euthanasie.

C'est la raison pour laquelle un ancien juge à la retraite, M. Drion, âgé de quatre-vingt-cinq ans, milite en faveur de l'aide au suicide, laquelle reste interdite en Hollande. « Je vis seul et je suis très content de ma vie. J'aime la musique, j'aime lire. Mais lorsque je ne pourrai plus sortir de chez moi, lorsque je n'aurai plus le goût de lire le journal, lorsque mes meilleurs amis seront enterrés, j'aimerais avoir le droit d'être aidé à mourir sans qu'il soit forcément question de maladie. » Le juge Drion voudrait de l'aide pour se suicider. Pas aujourd'hui, pas demain. Mais il souhaite être entendu afin de ne pas être obligé de « se jeter sous un train ».

Depuis cette déclaration, 50 % des Néerlandais estiment qu'une pilule létale devrait être disponible pour les personnes âgées qui n'ont plus envie de vivre.

L'ancien ministre de la Santé, du Bien-Être

et des Sports aux Pays-Bas[1], Els Borst, s'est prononcé, à titre personnel, en faveur d'une commercialisation et d'une distribution de ce qu'on appelle maintenant « la pilule de Drion » aux personnes atteintes de la maladie d'Alzheimer. « C'est la bonne solution, affirme-t-elle, le médecin doit aider le patient à se suicider car ce dernier endure des souffrances insupportables et sans perspectives d'amélioration à la pensée qu'il est en train de devenir complètement dément. »

Elle préconise également le suicide assisté pour les personnes très âgées qui ne sont pas malades mais « qui souffrent d'être encore en vie ». « Aujourd'hui, je m'intéresse au cas des personnes qui endurent des souffrances insupportables car elles ne veulent plus vivre mais que la mort ne veut pas venir délivrer. Pour ces personnes qui, chaque soir s'endorment avec le désir de ne plus se réveiller, le matin n'apporte que désespoir. »

Drion avait proposé que cette pilule « de la dernière volonté » soit distribuée à toutes les personnes âgées, à charge pour elles de décider du moment où elles la prendraient. Cette proposition a soulevé un tollé. Les parlementaires ont exigé un « cran de sûreté » afin de prémunir les âgés d'un risque d'abus de la part de leur entourage. Faut-il confier aux médecins la responsabilité de délivrer cette pilule ? Nombre de médecins s'y opposent vivement. Ils estiment qu'être las de l'existence ne justifie pas un tel acte et que

1. De 1994 à 2002.

l'administration d'une substance mortelle à une personne qui n'est pas malade n'est pas la tâche du médecin. Selon eux, il ne s'agit pas d'une question médicale mais d'une question sociale, relevant de la responsabilité de la société.

Aujourd'hui, la pilule de Drion n'a toujours pas reçu d'agrément, bien qu'une demande de brevet ait été introduite auprès de l'European Patent Office de Munich. Il semble qu'elle ne peut recevoir de suite tant qu'elle reste contraire à la Convention européenne des droits de l'homme. Un coup de téléphone à l'ambassade des Pays-Bas me confirme que cette question n'est plus à l'ordre du jour.

Mais ailleurs, dans le monde, cette idée de fabriquer une pilule mortelle pour les plus âgés fait son chemin. Lors d'une conférence internationale sur le droit de mourir dans la dignité qui s'est tenue à Toronto au Canada, le docteur australien Philip Nitschke a annoncé qu'un groupe de seniors, âgés de quatre-vingts ans en moyenne, avaient réussi à fabriquer une « pilule du suicide » qu'ils pourront utiliser un jour, s'ils en ont besoin. La plupart n'avaient aucune connaissance spécifique en matière de chimie, et la majorité de ces personnes était en bonne santé. Ils se sont fait passer pour des ornithologues amateurs et ont caché leur laboratoire dans une ferme de Nouvelle-Galles du Sud. Le médecin leur a ensuite expliqué comment ils pouvaient fabriquer une pilule mortelle. Il leur a fallu un an pour y arriver. Elle est actuellement analysée dans un laboratoire australien. Ce médecin australien défend l'idée que, dans les pays où la mort assistée est interdite, on pourrait contourner la loi en permettant à des personnes de fabriquer elles-mêmes une pilule du suicide sans aide extérieure. Cela leur donnerait la possibilité de se supprimer sans que quiconque puisse être accusé de quoi que ce soit. Mais il a ajouté qu'il pensait que la plupart de ces seniors ne prendraient jamais leur pilule. Car tout ce qu'ils veulent, c'est savoir qu'elle est à portée de leur main, le cas échéant. Il semblerait que d'autres seniors soient déjà inscrits pour fabriquer, eux aussi, leur « pilule de la dernière volonté ».

Les personnes âgées qui se tournent vers nous pour nous demander de les aider à mourir ne nous demandent-elles pas autre chose ? Si nous leur reconnaissons toujours une place parmi nous, si nous sommes encore prêts à leur témoigner de la considération, du respect ? Nous sommes responsables de ce temps qui leur reste à vivre et donc à respecter ensemble.

À l'heure où l'on évoque si facilement le meurtre compassionnel comme expression de notre humanité, il est bien plus exigeant de s'interroger sur les motifs profonds de cette revendication de mourir. Elle révèle trop souvent l'échec de notre capacité à être l'ami, le proche de cette personne âgée solitaire. Nous savons tous combien un signe, un geste, un mot, un regard qui ne se détourne pas, repoussent la solitude.

Je me souviens du suicide d'Odette Thibault,

biologiste. Elle l'avait planifié, disait-elle, parce qu'elle avait toujours tout planifié. Lorsqu'un journaliste lui a demandé, un jour, si elle n'allait pas priver ses enfants de sa fin de vie, elle avait répondu : « Priver ? Qu'est-ce que cela veut dire ? Qu'est-ce que cela leur apporterait ? Ils ont leur vie, eux, leurs soucis, ils ont leur famille. »

Cette déclaration d'Odette Thibault révèle autre chose qu'un simple désir de maîtriser sa mort : le sentiment que sa fin ne concerne qu'elle, et qu'elle n'a rien à transmettre aux autres en vivant sa vie jusqu'au bout. Odette Thibault exprime là ce que des milliers de personnes âgées pensent aujourd'hui. En quoi l'accompagnement des derniers instants d'une vieille femme ou d'un vieil homme peut-il apporter quelque chose ? Sommes-nous encore bons à quelque chose lorsque nous ne pouvons plus rien faire ? Que nos corps fatigués et malades gisent sans forces au creux d'un lit ?

Quelle tristesse que les personnes âgées ne sachent pas qu'en vivant leur mourir en présence de leurs proches elles leur communiquent quelque chose de précieux. Elles leur montrent que l'être humain est capable d'accomplir ce dernier acte de sa vie.

Au fil des années où j'ai moi-même accompagné des personnes dans leurs derniers instants de vie, j'ai acquis la conviction que ce « temps du mourir », si lent soit-il, avait un sens. Ma proximité avec les mourants m'a fait découvrir l'ampleur de leur attente. Comment peut-on mourir sans avoir dit au revoir à ceux qui comptent, sans avoir reçu de leur bouche les mots d'amour qui donnent la force de mourir, sans avoir le sentiment d'être en paix avec eux ? Comment peut-on mourir sans avoir laissé à ceux qui restent un mot, un geste, un regard qui les consolera de la séparation et les aidera à vivre, sans leur avoir donné une dernière bénédiction. J'emploie à dessein ce mot – qui signifie « bonne parole » – pour insister sur l'importance de ces paroles qui délivrent. Il faut cesser de penser que seul un produit létal peut « délivrer » l'agonisant. Trop de témoignages plaident en faveur d'une délivrance d'un autre ordre.

J'ai eu la chance de voir de vieilles personnes rassembler autour d'elles leur famille, leur parler, les bénir, après avoir mis leurs affaires en ordre, et puis, après cet ultime adieu, fermer les yeux, rentrer dans le silence et attendre la mort. Celle-ci ne tardait jamais à venir, car ces rituels d'adieu ont une puissance symbolique réelle.

Mais ces scènes-là sont rares aujourd'hui. Pourtant ce sont de véritables transmissions pour ceux qui restent. J'ai personnellement plusieurs de ces scènes d'adieu en mémoire, et je me dis parfois qu'au moment de ma propre mort j'aimerais m'en souvenir. N'est-ce pas cela mourir dans la dignité ?

Comment rompre les amarres quand le temps est venu ? Il n'est certes pas facile d'envisager sereinement la manière dont on va terminer sa vie. Il y a cette incertitude. Nul ne sait où, ni quand ni comment. Il y a cette difficulté à se faire confiance et à faire confiance aux autres. La demande d'en finir exprimée par une personne âgée est souvent une façon de tester l'entourage, de provoquer l'autre, le médecin, le soignant, le proche. Ce qui est attendu, c'est l'assurance de ne pas être abandonné.

Si l'on a « travaillé à vieillir », si l'on a accepté de perdre progressivement certaines facultés, tout en en découvrant d'autres, cette transformation de soi peut s'accompagner d'une forme de confiance en soi. Le vieillissement écorne le narcissisme, mais il ouvre le cœur. Pourquoi cette ouverture du cœur ne serait-elle pas un viatique pour mourir ?

J'ai beaucoup réfléchi à la manière dont j'aimerais mourir. J'ai tout envisagé, en sachant parfaitement les limites d'un tel exercice. Car la mort me saisira peut-être d'une manière que je ne peux imaginer. Mais s'il m'était donné de vivre très vieille, et qu'il arrive un moment où, comme tant d'autres avant moi, j'ai le sentiment de me détériorer au point de devenir un poids pour ceux que j'aime, je n'aimerais pas qu'on me vole ma mort, ni qu'on décide à ma place que le moment est venu. J'espère avoir suffisamment de lucidité pour savoir partir à temps. Mais ne croyez pas que je songe au suicide proprement dit, ni à imposer à quelqu'un d'autre de porter le poids exorbitant d'une demande d'euthanasie. J'aimerais avoir le courage de me laisser mourir, comme l'a fait ma belle-mère. J'ai raconté, dans *Nous ne nous sommes pas dit au revoir*[1], les cir-

1. *Nous ne nous sommes pas dit au revoir,* Paris, Robert Laffont, 2000.

constances dans lesquelles elle est morte, à l'âge de quatre-vingt-quatre ans. Ayant le sentiment que la vie commençait à la quitter, sa mémoire à flancher, ayant perdu tout goût à la nourriture, elle a décidé un jour de se coucher, de ne plus s'alimenter et d'attendre la mort. C'était une décision réfléchie et irrévocable, car elle ne voulait pas se détériorer, ni terminer sa vie dans une institution. Ce n'était pas non plus une dépression passagère. Elle n'était pas triste. Simplement lasse de vivre. Mon mari, Christopher, a décidé de respecter sa volonté. À l'époque, il aurait pu être poursuivi pour non-assistance à personne en péril, mais aujourd'hui un tel respect du refus de s'alimenter est légal. Après avoir organisé le passage régulier d'un médecin et d'une infirmière libérale, afin qu'elle ne souffre pas et qu'elle soit soignée jusqu'au bout, afin qu'elle puisse être aidée dans sa toilette et ses besoins intimes dès lors qu'elle commencerait à s'affaiblir, Christopher et ses amis voisins l'ont accompagnée jusqu'au bout. Elle a mis deux mois à mourir. Cela lui a parfois semblé long. Mais, à aucun moment, elle n'a souhaité que l'on accélère les choses, car elle ne voulait pas imposer un geste violent à quiconque. Elle voulait s'éteindre doucement. Lorsque Christopher lui a demandé ce qu'elle faisait toute la journée, elle a répondu : « Loving, I suppose[1]. »

Voilà comment j'aimerais mourir : « Comme

1. « J'aime, c'est sans doute ce que je fais. » Elle était irlandaise.

dans *La Ballade de Narayama,* une vieille femme marche résolument vers la mort, parce que le temps est venu de partir et de laisser la place aux autres. Autour d'elle, seulement des gens qui l'accompagnent et respectent son choix, des gens qui lui donnent ce qu'on sait si peu donner à ceux qui meurent : la permission de mourir[1]. »

1. *Nous ne nous sommes pas dit au revoir, op. cit.*

Conclusion

Le sage de la Forêt-Noire, Karlfried Dürckheim, affirmait à propos de la vieillesse, qu'elle signifiait moins « une fin en catastrophe que les véritables noces de l'homme avec son visage d'éternité ». Cela suppose, disait-il, que l'on plonge ses racines dans une réalité qui se trouve au-delà de l'opposition jeune-vieux, que l'on s'éveille à l'homme intérieur, lâchant prise plus profondément que jamais. Celui qui dit « oui à la vieillesse » accède ainsi à quelque chose d'« absolument neuf » et « le voile qui le sépare de l'invisible peut devenir transparent à l'extrême ». Au lieu d'être un poison pour toute la famille, rajoute Dürckheim, « ce vieillard est une lumière pour son entourage, il attire secrètement les autres par son rayonnement, on l'admire et on l'aime pour ce qui émane de lui d'ineffable. Il a trouvé la vraie jeunesse[1] ».

En abordant les rives du troisième âge, nous avons maintenant toutes les clés pour bien vieillir.

1. Cité par Charles Salzmann dans *Journal de l'île de Groix*, Paris, Éditions Christian, 2004, p. 193.

La médecine et la science nous y aideront. Nous veillerons à notre santé, à pratiquer un sport, à rester actif et utile à notre société, à garder des liens avec les autres. Nous saurons prendre nos intérêts en main et les défendre, inventer des solutions pour rester solidaires les uns des autres. Tout cela nous aidera, mais notre dynamisme et notre joie de vivre en vieillissant dépendront de la manière dont nous aurons « travaillé à vieillir ».

En introduisant ce concept de « travail », j'ai voulu insister sur l'effort de détachement et d'éveil qui nous est demandé à cet âge de la vie. Il nous faut lâcher, lâcher notre passé, nous réconcilier avec nous-mêmes, accepter de diminuer sur un certain plan, pour grandir sur un autre. C'est ce que Jung a appelé le « processus d'individuation ». En abandonnant des prétentions égotiques dépassées, en accomplissant ce travail de détachement, nous nous en remettons à une dimension plus profonde de notre être. Jung l'appelle le Soi, Dürckheim l'être essentiel, saint Paul l'homme intérieur. Chacun, à sa manière, identifie cette force insoupçonnée, cet élan qui toujours va vers du neuf. C'est pourquoi Dürckheim parle de « vraie jeunesse ».

Il n'y a pas d'autre manière de bien vieillir que d'aller vers ce rayonnement, cette jeunesse du cœur. J'ai tenté, tout au long de ce livre, d'éveiller ce désir chez mes contemporains, les seniors du baby-boom. Je m'étais donné comme défi de ne pas enjoliver les choses – de regarder en face ce qui nous fait si peur dans le grand âge – mais de ne pas les assombrir non plus, sous prétexte d'être lucide. J'ai tenté de suivre le fil rouge que m'a confié mon titre, *La chaleur du cœur empêche nos corps de rouiller.* Quel que soit l'état dans lequel nous vieillirons, quel que soit le lieu, cette énergie du cœur, si nous l'entretenons, est capable de nous transformer et de transformer notre regard sur le monde.

Lâcher est donc essentiel. Nous sommes pourtant entourés de gens qui vieillissent dans l'amertume et la révolte. Un vieil ami, qui vient d'avoir quatre-vingts ans, se plaignait récemment de vivre un naufrage. « Le mécanisme qu'a emprunté la vie pour amener la mort est inacceptable, me disait-il. Que nous soyons obligés de perdre nos forces, d'assister impuissants à la diminution de nous-mêmes, c'est le reproche le plus grand que je puisse faire à la Création. » J'ai répondu, en riant, que Woody Allen est plus sage que lui, n'ayant rien contre le fait de vieillir, « puisqu'on n'a rien trouvé de mieux pour ne pas mourir jeune ! ».

Tant que nous resterons fixés sur ce reproche, nous ne pourrons pas accéder à une vieillesse légère, heureuse et libre. Celle-ci est pourtant possible. J'en ai donné beaucoup d'exemples. Bien des gens la vivent. Même dans des situations que nous redoutons, comme la dépendance, ou des lieux qui nous font peur, comme les maisons de retraite. Le chemin pour y parvenir est un chemin de conscience et de confiance.

Il est étrange qu'aux deux bouts de la vie la nature ait prévu un temps où l'être humain est dépendant des autres, si dépendant qu'il n'a pas d'autre choix que de se laisser porter avec confiance. C'est ce que nous avons tous vécu, lorsque nous sommes venus au monde, et pendant les premières années de notre vie.

Mais nous n'en avions pas conscience. À la fin de notre vie, nous voilà, pour beaucoup, à nouveau, en partie ou totalement dépendants de l'autre humain. Du moins, suffisamment diminués pour avoir besoin d'aide. Mais, cette fois-ci, nous sommes conscients, et il nous appartient soit de refuser cet état, de nous replier sur nous-mêmes et de souffrir, soit de l'accepter. Nous faisons alors l'expérience la plus profonde qui soit, celle de nous abandonner aux autres et d'accepter de recevoir d'eux. C'est lorsque nous ne pouvons plus rien « faire », que nous pouvons accéder à la liberté suprême, celle d'« être ». La liberté de se laisser porter, de se confier à la bonté du monde, qui se manifeste alors, comme jamais, à travers l'humanité et la compassion de ceux qui nous entourent.

C'est ce que Levinas a parfaitement compris lorsqu'il fait le lien entre humanité et vulnérabilité, lorsqu'il nous parle de la rencontre avec *le visage* de l'autre. Visage qui, dans sa nudité, nous bouleverse, suscite en nous une responsabilité infinie. Car comment, à moins d'être pervers ou fou, pourrions-nous ne pas protéger celui qui, dans sa faiblesse extrême, s'abandonne à nos mains ?

Le philosophe Bertrand Vergely, au cours d'une conversation que nous avions sur le grand âge, est revenu sur cette chance ontologique inouïe, qui s'offre à ceux qui ont vécu tous les âges de la vie, pour arriver à celui de la pauvreté en esprit. L'âge où, comme le disait si bien François Mitterrand[1], le corps « rompu au bord de l'infini », on perd presque toutes ses facultés. L'âge de l'impuissance. L'âge de la vulnérabilité. L'âge où la seule chose qui reste à vivre est d'accepter tout ce qui arrive, le cœur ouvert.

Vieillir nous offre cette chance de vivre ce que les stoïciens appelaient la vraie liberté. Celle de « laisser faire », de « laisser être », de s'en remettre à l'univers. Pour le philosophe, beaucoup plus de gens que nous ne le pensons sont heureux de vivre cet amoindrissement de la vieillesse, parce qu'il les libère. « Ils ont accepté de vivre leurs limites, sans se plaindre, et sont comme des enfants. Ils regardent le monde autour d'eux avec émerveillement, comme un cadeau, comme un miracle, comme un jeu. Ils ne s'impliquent plus dans la réalité. Ils vivent en quelque sorte le non-agir du Tao. » C'est un immense paradoxe : la vieillesse, avec tous ses handicaps, est en même temps le temps d'une immense liberté. C'est d'ailleurs la raison pour laquelle les personnes âgées qui vivent leur vieillesse de cette manière exercent une certaine attraction sur les autres. « On vient les voir parce qu'elles rayonnent par leur simplicité et leur douceur, parce qu'elles transmettent quelque chose de l'ordre du "dégagement", de la légèreté ou de

1. Dans la préface de *La Mort intime, op. cit.*

l'humour. Elles aident les autres à prendre de la hauteur ou du recul. »

« Finalement, la vie est bien faite, et cet âge de la vieillesse ne nous a pas été donné pour rien. Il contient son propre mystère », conclut Bertrand, comme en réponse au propos de cet ami de quatre-vingts ans, qui ne partage pas son point de vue. « L'impossible auquel nous sommes confrontés nous oblige au lâcher prise que tous les sages recherchent. La vie nous a donné une clé, celle d'accepter notre impuissance. Car l'impuissance ne nous amène pas au tragique, mais à la légèreté et à la joie. C'est ce que nous constatons sur les visages des vieux en Inde. Pays où la méditation et l'acceptation du cours des choses font partie de la culture. »

En quittant mon ami philosophe, j'ai repensé à cette dernière parole d'une vieille femme de quatre-vingt-douze ans, une demi-heure avant sa mort. C'était il y a bien des années, quand je travaillais comme psychologue au chevet des mourants. Les yeux pleins de feu, elle m'a saisi la main, et la tenant avec force, m'a confié son ultime message : « Mon enfant, n'ayez peur de rien. Vivez ! Vivez tout ce qui vous est donné de vivre ! Car tout, tout est un don de Dieu. » En écrivant ces mots, les siens, je sens encore l'énergie qu'elle m'a transmise en me parlant ainsi. Je la sens, comme si cela venait de se produire. Preuve que ce qui vient du cœur et ce qui touche nos cœurs est éternel.

Au moment où je termine ce livre mon amie, l'écrivain Christiane Singer, vient de mourir à soixante-quatre ans d'un cancer foudroyant. Elle n'aura pas eu la chance de vivre sa vieillesse, un âge qui l'a fascinée toute sa vie. Vieillir était pour elle une bénédiction, car il s'agissait d'aller vers une ouverture de lumière. « Combien trouvent la porte qu'elle ouvre ? » aimait-elle à se demander. Mais, et je n'en doute pas, les secrets de la vieillesse, les « onze béatitudes de la vieillesse[1] », lui ont été révélés en six mois. Les six mois qui lui furent donnés à vivre par un jeune médecin à l'œil froid, le 1er septembre 2006. Elle aurait pu se révolter, s'effondrer, mais accueillit l'épreuve sans marchandage. « Ce qu'il y a à vivre, il va falloir le vivre », écrivit-elle dans un journal qu'elle tenait au jour le jour, nous faisant partager à la fois l'épreuve qu'elle traversait et le cadeau qui venait avec. Rabotée, abrasée, « calcinée » [*sic*] par la souffrance, elle plongeait dans cet enfer. « Traverse, noble fille, traverse », se répète-t-elle, tout en pleurant sur « la vulnérabilité de tout ce qui est sous le soleil ». Elle traversa donc, à l'aide du fil d'Ariane qui ne l'a jamais quittée depuis l'enfance : le fil de la Merveille. « Grâce à lui, je sortirai vivante du plus sombre des labyrinthes. » Elle traversa, avec la ferme intention de ne pas laisser la maladie l'envahir : « Une maladie est en moi, mais mon travail va être de ne pas être, moi, dans la maladie. »

Ce qu'elle écrivait à propos d'une possible

1. *Les Âges de la vie*, *op. cit.*, p. 178.

vieillesse est vrai, maintenant, pour sa fin de vie brutalement accélérée. « Pourquoi ne ferais-je pas confiance à ma dernière “incarnation”, celle qui, aux yeux des autres et de moi-même, me fera paraître en vieille femme ? Pourquoi ne m'y donnerais-je pas avec la même foi, la même conviction, la même inextinguible curiosité ? Et même si mon corps se ratatine, si mes membres se nouent et se raidissent, n'y avait-il vraiment de beauté au monde que dans les miroirs de ma chambre ? Allons ! Ne restera-t-il pas hors de moi, en tout ce qui me prolonge et me continue, m'entoure et me multiplie, bien d'autres tangibles merveilles ?[1] »

Et elle voit, dit-elle, ce qu'elle voulait voir. « Quand il n'y a plus rien » – et elle sait de quoi elle parle, car elle a l'expérience de ce dépouillement extrême – « vraiment plus rien, il n'y a pas la mort et le vide, comme on le croirait, pas du tout. Je vous le jure, il n'y a plus que l'Amour. »

Un mois avant sa mort, je suis allée la voir en Autriche, pour lui dire au revoir. En entrant dans sa chambre, j'ai été saisie par le contraste entre son corps si faible, si amaigri, son visage creusé par la douleur, et puis ce rayonnement, cette paix qui émanait d'elle, la vitalité de son regard et de son sourire. Christiane savait qu'elle allait mourir. « J'aurais tant aimé vivre encore, vieillir, continuer à bercer le monde », m'a-t-elle dit.

« Bercer le monde », cette expression reste inscrite dans la profondeur de mon cœur. Je me suis

1. *Ibid.*, p. 189.

promis alors de passer ma vieillesse à « bercer le monde » et de le faire en pensant à elle, qui n'a pas eu cette chance.

Car la grande leçon que nous recevons de Christiane, mais aussi de sœur Emmanuelle, de Stéphane Hessel et de tant d'autres autour de nous, est la suivante : lorsqu'on ne veut plus rien, que l'on n'attend plus rien, et que l'on s'en remet à la Vie, ce n'est pas l'amertume et le désespoir qui nous habitent, mais un sentiment nouveau de liberté inouïe et une immense, immense tendresse.

Une question la hantait, qui m'a hantée aussi en écrivant ce livre : « Comment nous contaminer les uns les autres de ferveur et de vie ? »

En rentrant de Vienne, j'ai découvert cette note écrite par Jacques Decour, alors qu'il pressentait sans doute sa fin. Jacques Decour, romancier et professeur d'allemand, est engagé dans la résistance intellectuelle. Il a combattu avec acharnement l'esprit de collaboration, et défendu l'humanisme contre l'obscurantisme. Fondateur, avec Jean Paulhan, des *Lettres françaises* en 1942, il a été fusillé à trente-deux ans par les nazis au mont Valérien. En prison, dans l'attente de son exécution, il écrit une lettre très touchante à sa famille.

« Maintenant nous nous préparons à mourir les uns et les autres [...]. On se prépare, on songe à ce qui doit venir, à ce qui doit nous tuer sans que nous puissions avoir un geste de défense [...]. C'est bien le moment de nous souvenir de l'amour.

Avons-nous assez aimé ? Avons-nous passé plusieurs heures par jour à nous émerveiller des autres hommes, à être heureux ensemble, à sentir le prix du contact, le poids et la valeur des mains, des yeux, des corps ? Savons-nous encore bien nous consacrer à la tendresse ? Il est temps, avant de disparaître dans le tremblement d'une terre sans espoir, d'être tout entier et définitivement amour, tendresse, amitié, parce qu'il n'y a pas autre chose. Il faut jurer de ne plus songer qu'à aimer, aimer, ouvrir l'âme et les mains, regarder avec le meilleur de nos yeux, serrer ce qu'on aime contre soi, marcher sans angoisse en rayonnant de tendresse. »

Remerciements

Je tiens à exprimer ma vive gratitude à Sœur Emmanuelle et Stéphane Hessel, à Arnaud Desjardins, Patrick Dewavrin, Robert Dilts, Olivier de Ladoucette, Yvonne Johannot, Robert Misrahi, Charles Salzmann, Christiane Singer (†), Annick de Souzenelle, Christopher Thiery, Jean-Pierre Van Rillaer, Bertrand Vergely, Aude Zeller,

à tous ceux qui m'ont apporté leur témoignage mais ont souhaité garder l'anonymat,

à Nicole Lattès et Antoine Audouard pour la confiance qu'ils me font et leur indéfectible soutien.

Table

Avant-propos 11

J'écris pour ma génération 13
Quand la peur de vieillir vous saisit................. 25
Le pire n'est pas sûr 47
L'âge d'or des seniors 57
Changer notre regard... 65
Questions autour du grand âge 79
Rencontre avec des vieillards
remarquables... 115
Des clés pour un bon vieillir............................ 133
Accepter de vieillir 145
Le cœur ne vieillit pas....................................... 159
Vieillir et jouir encore 173
La fécondité du temps 197
Les dernières joies de la vieillesse 215
Savoir mourir 223

Conclusion 239

Photocomposition *CMB* Graphic
44800 Saint-Herblain

Achevé dimprimer par GGP Media GmbH, Poessneck
en octobre 2008
pour le compte de France Loisirs,
Paris

N° d'éditeur: 53613
Dépôt légal: novembre 2008
Imprimé en Allemagne